Detlef Stollenwerk

Bequemlichkeit ist keine Schwäche

52 Schritte
um mit Leichtigkeit
durchs Leben zu gehen

2020

Impressum:

Ausgabe 2020
Im Eigenverlag erschienen.
Copyright 2020 Detlef Stollenwerk
Nachdruck, auch auszugsweise,
nicht gestattet

ISBN: 978-3-00-063549-6

Gesamtherstellung & Covergestaltung
Künster-Druck GmbH
56626 Andernach-Miesenheim
www.kuenster-druck.de

für Nanne, Georgina und Dane

Inhalt

EINLEITUNG I
WARUM WIR UNS SCHULDIG FÜHLEN 1
NEHMEN SIE NICHTS PERSÖNLICH 5
ES GIBT KEINE GERECHTIGKEIT 9
WIE FÜHLE ICH MICH WOHL? 14
WIE KÖNNTE EIN ENTSPANNTES 19
LEBEN AUSSEHEN?
DIÄTEN BRINGEN LANGFRISTIG 24
NICHTS – SIE MACHEN NUR KRANK
HÖREN SIE AUF ZU JAMMERN... 27
UND VERLASSEN SIE DIE OPFERROLLE
BLEIBEN SIE GELASSEN 32
UND FRIEDFERTIG
LIEBE VERLEIHT KRAFT 38
GUT GELAUNTE MENSCHEN 41
LEIDEN WENIGER
KLEINE AUSZEIT NEHMEN 43
DAS PROBLEM DES NACHGEBENS 46
SEIEN SIE KEIN „SCHAF" 48
DER EINZIG WERTVOLLE AUGENBLICK 50
DIE KUNST SICH WEITER ZU ENTWICKELN ... 52
VERGANGENES IST VERGANGEN 55
ES GIBT KEINE SICHERHEIT 58
VOM BLÖDSINN DAS GEGENSÄTZE 61
SICH IN DER LIEBE ANZIEHEN

SPIELEN SIE IN DER BEZIEHUNG 64
KEINE ROLLEN.

VERSUCHEN SIE NICHT DEN 65
PARTNER UMZUERZIEHEN

DIE ZWANGHAFTE SUCHE NACH 67
BEZIEHUNGEN UND DIE BEENDIGUNG
EINES BEZIEHUNGSCHAOS

WAS SETZT EINE GUTE EHE VORAUS? 70

WAS BEDEUTET ECHTE FREUNDSCHAFT? 72

VERZETTELN SIE SICH NICHT 76
UND ZÖGERN SIE NICHT BEI DER
ERLEDIGUNG UNANGENEHMER DINGE

LERNEN SIE ZU VERZEIHEN 80

ARBEIT DIE IHNEN SPASS MACHT, ... 83
BRINGT SIE WEITER

SAGEN SIE „DANKE" 86

IN DER RUHE LIEGT DIE KRAFT 88

DER HOCHGENUSS DES „LÄSTERNS" 89

TUN SIE SICH ETWAS GUTES 90
UND NEHMEN SIE SICH ZEIT FÜR SICH

VERBANNEN SIE NEGATIVE 94
GEDANKENSTRÄNGE

DAS WARTEN AUF EINE BESSERE ZUKUNFT ... 97

DENKEN SIE AN IHRE GESUNDHEIT, ... 100
BEVOR SIE KRANK WERDEN

SEIEN SIE NICHT ERPRESSBAR 105

WIE MAN SIEGT OHNE ZU KÄMPFEN 108

DIE GNADE DER GEDULD 110

SIE HABEN ES SELBST IN DER HAND... 113

WENN SIE ETWAS SCHENKEN 116
WOLLEN, SCHENKEN SIE ZEIT

DIE ERDUNG IST WICHTIG... 117

EINSAMKEIT 119

DIE RÜCKKEHR ZU UNS SELBST....................121

LACHEN ERLEICHTERT DAS LEBEN 124

EINE PORTION SELBSTLIEBE.........................125

ALLES ROUTINE ODER BEGINNT 126
FREIHEIT SCHON MIT KLEINEN
HANDLUNGEN?

SIND WIR WAS WIR DENKEN? 129

LIEBER VERANTWORTUNG ABGEGEBEN, ...132
ALS WELCHE ZU TRAGEN?

DIE VIELFACHE „LÜGE" DES MIESEN JOBS ..134

ERFAHRUNGEN BRINGEN UNS WEITER.........136

DIE ORDNUNG DER KLEINEN DINGE 138
UND WARUM SELBSTMOTIVATION
SO SCHWER IST ?

DER UMGANG MIT RESPEKT.........................142

TRAGEN SIE KEINE „ÜBERFLÜSSIGEN".........144
LASTEN

DAS ENDE IM BLICK UND DIE SUCHE...........146
NACH DEM SINN DES LEBENS

Einleitung

Um Irritationen zu vermeiden sei hier zunächst klargestellt, dass das Wort „bequem" eher bildlich als wörtlich zu verstehen ist. So wird das Wort „bequem" gerne als Faulheit bezeichnet. Bequemlichkeit bedeutet umgangssprachlich und das ist hier gemeint, eine angenehme Einrichtung die das Leben erleichtert bzw. eine behagliche Lebensweise. Bei den Vorschlägen zur Lebensgestaltung soll es daher nicht darum gehen die „Trägheit" zu frönen, sondern darum, dass man das Leben „leichtfüßig" durchschreitet. Wir alle wissen, dass ein Mindestmaß an „Sportlichkeit" viele gesundheitliche Vorteile verspricht. Auch die Überschreitung des „Normalgewichts" als tolerabel gilt, sofern es nicht zur Last bei der Erledigung von Alltagsdingen wird. „Leichtfüßig", und das ist diesmal wörtlich gemeint, bewegt sich in der Regel niemand, wenn er 30 Kilo mehr als sein Normalgewicht wiegt. Bequemlichkeit soll ebenfalls nicht verwechselt werden mit „Nichtstun". Auch das ständige „Nichtstun", selbst wenn es vorübergehend sehr entspannend und erholend sein kann, führt als „Dauerzustand" nicht zur Verbesserung des Allgemeinbefindens. Das Wort „bequem" ist hier als Synonym zu verstehen mit viel Freude, ohne großes Gepäck und ohne unnötige Anstrengungen das Leben zu leben.
Nachfolgend finden Sie 52 Anregungen, für jede Woche des Jahres eine, die dazu beitragen können, dass Leben nicht fremdgesteuert nach den Vorstellungen anderer Menschen zu vergeuden. Wichtig ist zu erkennen, dass wir, abgesehen von spirituellen Gedanken, nur ein Leben haben und daher die schrecklichste Vorstellung für jeden sein muss, dass man am Ende seines irdischen Daseins auf dem Sterbebett liegt und verbittert auf die vielfältig verge-

benen Chancen zurückschaut, die man nicht genutzt hat, sein Leben nach eigenen Vorstellungen zu leben.

Es gibt eben viele Beispiele dafür, dass Menschen vollkommen entspannt und zufrieden ihre letzten Atemzüge verbringen, in der Erkenntnis, dass sie ihr Leben nach besten eigenen Wertvorstellungen gelebt haben.

Die Anregungen erheben keinen Anspruch auf Vollständigkeit oder entfalten keine Garantien, da jeder selbst die Entscheidung hat, was für ihn Wichtig ist. Ich wünsche Ihnen daher viel Erfolg auf dem Weg zu Ihrer „Bequemlichkeit" des Lebens.

Die dargestellten Schritte können Sie auch als Vorschläge zur Entschleunigung Ihres Lebens oder zur Stärkung des Bewusstseins sehen. Die Reihenfolge in der diese ausgeführt werden entfaltet keine Wertung nach Wichtigkeit. Einige Ideen werden Ihnen banal oder auch bekannt vorkommen, anderen Gedanken werden Sie vielleicht nicht zustimmen oder strikt ablehnen. Aber darauf kommt es nicht an. Bleiben Sie neugierig. Es geht darum, anhand der dargestellten Schritte Schlussfolgerungen in Bezug auf ihr eigenes Leben zu treffen bzw. derzeitige Sichtweisen, die Sie vielleicht in eine Sackgasse geführt haben, neu zu überdenken und zu bewerten. Entscheidend bei allen Vorschlägen ist, dass sie letztlich gelebt werden müssen. Es ist der Unterschied zwischen der Theorie und der Praxis. Vergleichbar mit dem Wunsche eines dickleibigen Menschen endlich ein paar Kilo abzunehmen. Jeder Fettleibige weiß oft alles über Diäten, schlechte Essensgewohnheiten und ungesunde Nahrungsmittel. Trotzdem wiegen die Gewohnheiten schwerer als die ersten Schritte tatsächlich die Ernährung dauerhaft umzustellen. Bei der Umsetzung der dargestellten Gedanken ist daher von Bedeutung, dass man einen Schritt nach dem anderen macht. Einen Schritt ausprobiert, verinnerlicht, um dann erst den nächsten Schritt zu wagen und hierbei das Ziel nicht zu hoch anzusetzen. Wer bei dem Thema Gewichtsverlust meint innerhalb von 2 Wochen mit irgendeiner Turbodiät 10 Kilo verlieren zu können, wird scheitern, weil er die verlorenen Kilos genauso schnell wieder drauf haben wird. Gut wäre hier zum Beispiel einen Plan B zu haben, wie man mit Widrigkeiten umgeht, um zu verhindern, dass man bei ersten „Umsetzungsproblemen" aufgibt. Das kann z.B. bedeuten die Waage nicht zu ernst zu nehmen, sich also nicht jeden Tag zu wiegen oder sich klar zu machen, dass kleine „Esssünden" zu jeder Diät gehören, ohne sofort das Ziel in Frage zu stellen. Esse ich gerne Süßigkeiten beim Fernsehen, kann ich die „Kalorienbomben" durch „leichtere" Alternativen wie Möhren, Gurken, geschnittene Paprikaschoten ersetzen.

Die Devise heißt: „Üben, üben, üben…" und dafür haben Sie Ihr ganzes Leben Zeit. Seien Sie nicht ungeduldig. Denken Sie in kleinen Abschnitten. Wenn Sie im Alltag damit beginnen 15 oder 30 Minuten achtsam, entspannter und mit sich im Reinen zu sein, dann sind Sie auf dem richtigen Weg. Die Schritte sollen Ihnen Impulsgeber sein ihre Gedanken, Ihre Einstellungen die sich negativ auf ihr Leben auswirken und ihnen letztlich zur Last werden, Stück für Stück abzubauen. Sie sind einfach gehalten, um Ihnen die Gelegenheit zu geben das Buch zusammenhängend zu lesen, um es dann immer in die Hand zu nehmen, wenn sich die Chance bietet Schritte in die Praxis umzusetzen bzw. in der Realität zu testen. Man könnte es daher auch als eine Art „Arbeitsbuch" bezeichnen, aber letztlich ist die Bezeichnung vollkommen egal. Glückwunsch, mit dem

Erwerb dieses Buches haben Sie bereits den ersten Schritt getan, um sich bewusst zu werden, dass man Dinge verändern kann und auch verändern muss. Oft sind es kleine oder große Lebenskrisen die uns dazu bewegen Veränderungen einzuleiten, selbst wenn wir es zu Beginn der Krise nicht sehen wollen. Seien Sie gewiss es wird sich lohnen. Es gibt nur „Schöpfer" oder „Opfer". Opfer zu sein bedeutet bewegungslos in Angst zu verharren. Seien Sie daher „Schöpfer" oder „Gestalter" ihres Lebens.

1. WARUM WIR UNS SCHULDIG FÜHLEN.

„Ein Schuldgefühl braucht nicht immer eine Beschuldigung"

Willy Meurer

Schuldgefühle entstehen häufig aus einem Impuls heraus, aus einem Gedanken oder einer Erinnerung. Kümmere ich mich genug um mein Kind? War es richtig meinen Partner zu verlassen? Arbeite ich zu viel? Wieso habe ich mich nicht zur Wehr gesetzt? Bin ich ein Egoist, weil ich mehr Zeit für mich selbst haben möchte? Warum habe ich dem Menschen in der Not nicht geholfen? usw.

Man hat etwas getan oder nicht getan, man hat etwas gesagt oder nicht gesagt, man hat etwas gezeigt oder nicht gezeigt. Durch dieses Ereignis fühlt man sich schlecht. Man ist niedergeschlagen. Aber warum fühlen wir uns denn eigentlich so?

Ganz einfach. Es gilt als mies sich nicht schuldig zu fühlen. Wer sich keine Sorgen um andere macht, wird gerne als Egoist oder als „kaltherzig" angesehen. Die große Frage ist daher, wie man Schuldgefühle verhindert? Die Antwort ist simpel. Man verliert die Schuldgefühle dadurch, in dem man sich zunächst klar macht, dass die angenommene Schuld nicht durch weiteres Denken oder stundenlanges Grübeln aufgelöst wird. Der Bestsellerautor Dale Carnegie hat einmal den Satz geprägt „Sägen Sie kein Sägemehl". Man könnte auch sagen, ärgern sie sich nicht über verschüttete Milch. Alle Gedanken die sie sich über Ereignisse machen, die bereits geschehen sind, sind vergeudete Zeit.

Es ist so als würde man dem Negativereignis noch weitere wertvolle Lebenszeit hinterher werfen, um damit die unschöne Erfahrung noch sinnlos zu verlängern.

Die Schuldgefühle aus der vergangenen Ursache lähmen Sie nur unnötig und verhindern damit auch Schlüsse aus der Vergangenheit zu ziehen. Es gibt viele Arten von Schuldgefühlen. Darüber wurden viele Bücher geschrieben. Die Frage ist, wie wird man sie los?

Es kann im Einzelfall nicht falsch sein, wenn man sich im geeigneten Moment für einen Fehler oder eine Dummheit, die man begangen hat, entschuldigt. Wichtig ist nur, dass diese Entschuldigung auch aufrichtig gemeint ist und nicht nur den Zweck erfüllt, sein Gewissen zu beruhigen bzw. sich besser zu fühlen. Sie werden die Schuld los indem sie sich klar machen, dass die Vergangenheit unabänderlich ist und auch bleibt, egal wie lange sie darüber nachdenken.

Sobald Sie also zu Grübeln beginnen, indem sie das Ereignis wieder und wieder geistig durchleben, unterbrechen Sie den Gedankenstrom im dem sie laut „Stopp" sagen, da die Vergangenheit unumkehrbar ist. Beginnen Sie direkt damit die Dinge als gegeben hinzunehmen, und falls erforderlich, die Zeit zu nutzen, um nach Lösungsmöglichkeiten zu suchen.

Demjenigen, der ihnen versucht Schuldgefühle einzureden sollten Sie klarmachen, dass Sie das nicht brauchen und sie die Verantwortung für Ihr Handeln selbst übernehmen. Rechtfertigen Sie sich nicht. Übrigens mit dem Sorgen machen verhält es sich ähnlich. Nur das sich das „Sorgen machen" auf die Zukunft bezieht und die „Schuld" auf die Vergangenheit.

Das Grübeln über Sorgen bringt sie nicht weiter, sondern lähmt sie beim Handeln. Wir sollten im Leben versuchen nicht immer alles zu verstehen. Manches im Leben ergibt keinen Sinn und ist für nichts gut gewesen.

2. NEHMEN SIE NICHTS PERSÖNLICH.

„Nimm nichts persönlich. Nichts was andere Leute zu dir sagen ist wegen Dir, es ist wegen ihnen selbst"

Miguel Ruiz

Viele Probleme oder negative Gefühle beginnen damit, dass sie von ihren Mitmenschen mit einer Meinung oder einer Verhaltensweise konfrontiert werden, die Sie verletzt. Dies kann ein konkreter Vorwurf oder auch ein Umstand sein, dass Sie nicht beachtet, quasi übersehen werden. Fangen sie nicht an, Reaktionen des Anderen zu analysieren. Gehen sie grundsätzlich von dem Gedanken aus, dass der andere möglicherweise mit sich ein Problem hat, dass er vielleicht einen schlechten Tag hat bzw. sich nicht wohlfühlt. Die Reaktion bei einer Begegnung muss grundsätzlich nichts mit Ihnen zu tun haben. Also interpretieren sie daher auch nichts Negatives in diese Begegnung hinein. Das soll natürlich nicht heißen, dass Ihnen alle Äußerungen der Mitmenschen gleichgültig sein sollen oder dass Sie offensichtliche Beleidigungen Ihres Gegenübers kommentarlos herunterschlucken sollen. Nein, wenn Sie jemand persönlich angreift ist es vollkommen in Ordnung, dass sie sich zu Wehr setzen und die Person deutlich aber sachlich zu recht weisen. Ansonsten denken Sie nicht weiter darüber nach und nehmen Sie das Verhalten hin, wobei hinnehmen nicht bedeutet, dass Sie den Frust herunterschlucken und in ihnen ein flaues Gefühl bleibt, sondern dass Sie die Äußerung oder dergleichen ignorieren und zwar so, dass Sie sofort gelöscht ist.

Das ist im Prinzip ganz einfach. Bewerten Sie keine Angriffe. Eine Wertung stellt eine positive oder negative Auszeichnung der Situation dar und sie beinhaltet damit eine mehr oder weniger ausgedrückte Erwartung oder Aufforderung an eine Person, diese Wertung zu verstehen und sich künftig danach zu richten. Sie führt aber in der Regel zu weiteren Attacken.

Ein Beispiel:

In einem Büro wurde eine Mitarbeiterin von einigen Ihren Kollegen ständig kritisiert. Entweder wurde sie schief angeschaut wegen der Kleidung die sie trug oder wegen ihrer Frisur. Ein anderes Mal wurde sie getadelt weil sie vergessen hatte sich zu verabschieden usw. Sie wurde jeden Tag mit neuen negativen Gedanken konfrontiert und fühlte sich schlecht. Jede Art von Rechtfertigung triftete in neue Vorwürfe aus der Gruppe. Je mehr sie sich verteidigte, desto schlimmer wurde es. Es verging kein Tag an dem sie sich nicht furchtbar über diese Gruppe aufregte. Auch wenn sie versuchte sich anzupassen, fanden die Kollegen immer wieder etwas Neues, um Kritik zu üben. Ein Vergleich mit einem anderen Kollegen machte das Prinzip deutlich. Sie wurde nur deshalb Ziel der zahllosen Angriffe, weil sie darauf reagierte. Es stellte sich nämlich heraus, dass ein anderer Kollege aus der gleichen Abteilung zwar ebenfalls vorübergehend Zielscheibe von Angriffen war, diese aber bald beendet wurden, weil der Kollege nicht auf Vorwürfe einging, freundlich grüßte und seinen Job machte. Das Verhalten der Kollegen war ihm quasi gleichgültig. Als die streitbaren Mitarbeiter feststellten, dass er ihre Angriffe mit keiner Reaktion bedachte, ließen sie die Bemerkungen sein. Die Nichtreaktion kann auch eine angemessene Reaktion auf ein rücksichtsloses Verhalten sein.

3. ES GIBT KEINE GERECHTIGKEIT

„Der Vater im Himmel lässt seine Sonne aufgehen über Böse und Gute und lässt regnen über Gerechte und Ungerechte."

Matthäus, 5.45

Gerichte urteilen über alle nur denkbaren Streitigkeiten und Auseinandersetzungen des Lebens. Die Beteiligten erwarten von den Richtern eine „gerechte Entscheidung". Diese Entscheidung muss in der Meinung der Betroffenen aber nicht nur juristisch gerecht, sondern auch moralisch einwandfrei und sozial verträglich sein. Ein unter diesen Aspekten ausgewogenes Urteil wird man in der Regel aber nicht erwarten können, weil menschliche Empfindungen subjektiv sind.

Daher ist es kaum verwunderlich, wenn Juristen gerne davon berichten, dass sie vor Gericht nicht recht, sondern allenfalls ein Urteil bekommen. Daher kommt auch die Redewendung „vor Gericht ist man wie auf hoher See in Gottes Hand".

Gerade in der Rechtsprechung wird deutlich,

dass nicht alle Lebenssachverhalte durch eine gerichtliche Entscheidung zu lösen sind. So weiß jeder Laie, dass man nur für das Fehlverhalten bestraft werden kann, welches einem auch nachgewiesen wird oder dass man einen Anspruch nur zugesprochen erhält, wenn man den Anspruch auch beweisen kann. Der Gerechtigkeitsgedanke im wahren Leben muss daher zu Frustrationen führen. Viele Beziehungen laufen nach dem Muster ab: „Ich tue Dir Gutes und daher erwarte ich auch etwas Gutes von Dir".

Diese Rechnung geht in der Regel nicht auf. Wenn Sie nur deshalb freundlich zu ihrem Umfeld sind, weil sie eine Gegenleistung erwarten, ist das höchst scheinheilig. Wir Menschen nehmen an, dass es eine höhere Gerechtigkeit gibt, eine Art Überordnung, die das Gleichgewicht zwischen Recht und Unrecht wahrt oder herstellt.

Diese wünschenswerte oder erhoffte Gerechtigkeit gibt es nicht. Wir reagieren häufig im täglichen Leben wütend oder beleidigt, wenn sich diese Gerechtigkeit nicht vollzieht. Wir können nur schwer ertragen, dass wir, obwohl wir versuchen mit unserem Mitmenschen vernünftig umzugehen, von den gleichen Menschen unfair behandelt werden. Es fällt uns schwer zu glauben, dass Personen die sich ihr gesamtes Leben gegenüber anderen „ekelhaft" und völlig respektlos verhalten, auch noch Glück haben können. Die Empfindungen sind wie bei einem „Roulette-Spiel". Wenn die Kugel zehnmal hintereinander auf einem roten Feld liegen bleibt, muss nun endlich „Schwarz" kommen, obwohl die Chance zwischen Rot bzw. Schwarz immer bei 50:50 liegt.

Beginnen wir bei der Grundfrage: Was bedeutet eigentlich Gerechtigkeit?

Ist das der Ort an dem geltende Gesetze geachtet und jede Übertretung geahndet wird? Liegt Sie dort, wo niemand benachteiligt oder bei gleichen Voraussetzungen nicht bevorzugt wird? Ist das Ziel der „Gerechtigkeit" dann erreicht, wenn jeder gleiche Chancen hat oder überall gleiche Maßstäbe gelten?

Wir reagieren auf Ungerechtigkeiten ärgerlich, müssen Sie aber dennoch täglich hinnehmen. Sei es in Form von Krankheit, mangelhafter Begabung, Verfolgung, Armut, Ausbeutung, Beleidigung, Verachtung oder Betrug.

Die Welt ist kein gerechter Ort und niemand schuldet mir Gerechtigkeit.

Verinnerlichen Sie die Tatsache, dass Sie keine Kontrolle über die Menschen,

haben. Auch wenn ich mich ärgere, ändere ich nichts daran. Andere haben das Recht, sich so zu verhalten wie sie es tun, auch wenn mir das nicht gefällt.

Denken Sie an den zeitlosen Satz aus der Operette „Die Fledermaus":

„Glücklich ist wer vergisst, was nicht mehr zu ändern ist."

Vielleicht hilft es Ihnen weiter, wenn Sie in Ihrem persönlichen Umfeld dafür sorgen, dass es dort fair zugeht und Sie mit gutem Bespiel vorangehen. Ich ändere was in meiner Macht steht und akzeptiere das Unabänderliche. Ich bin selbst freundlich und gebe ohne Erwartungen. Man sollte akzeptieren was uns das Leben gibt und auch wieder nimmt.

Ähnlich verhält es sich mit bedrückenden Erfahrungen oder Schmerzen. Sie gehören zum Leben und sind unvermeidbar. Oft kommt dann die Frage des Warums oder warum gerade ich? In der spiritistischen Welt wird oft davon gesprochen, dass es kein Zufall ist, dass bestimmte Menschen derartige Lebensprüfungen erhalten die darin liegen, zu wachsen mit Fähigkeiten das Leid zu ertragen bzw. mit ihm umzugehen. In solchen Situationen können auch die Hoffnung und der Glaube eine große Hilfe sein (s. hierzu Punkt 41).

4. WIE FÜHLE ICH MICH WOHL?

„Kein Mensch kann sich ohne sein Einverständnis wohlfühlen."

Mark Twain

Wohlfüllen hat etwas mit Glück zu tun. Die Suche nach dem Glück gab es schon immer. Die Frage nach dem Glücksempfinden wird jeder anders beantworten. Von daher kann die Frage auch umgekehrt gestellt werden. Was macht mich unglücklich? Glück ist kein Dauerzustand. Eine Glückskurve muss logischerweise gelegentlich nach unten gehen, um auch wieder steigen zu können. Materielle Dinge führen nicht dauerhaft zum Glück. Lottomillionäre sind ein Jahr nach dem großen Gewinn nicht glücklicher als vorher. Aber auch hier muss man erkennen, dass ein Leben unter ständiger finanzieller Not unglücklich und auf Dauer krank macht. Also was kann ich tun um mich wohlzufühlen? Wenn Wohlfühlen eine Art Glückszustand ist und meine Suche nach dem großen Glück scheitert, habe ich immer noch die Chance, das kleine Glück zu finden, dass alltägliche Glücksempfinden. Dazu gehört natürlich die Frage, was tut mir gut, was entspannt mich, was macht mich glücklich im Alltag?

Natürlich gibt es statistische Ansätze die uns weiterhelfen können. Optimisten leben gesünder als Pessimisten, Menschen die in Beziehungen leben, werden älter als Singles, sportlich Aktive haben bessere Chancen alt zu werden als Bewegungsmuffel. Bleibt aber dennoch die Frage was mich glücklich macht?

Beginnen wir bei der Bewegung. Wenn sie keine Sportskanone sind überlegen Sie sich Alternativen um Bewegung in ihr Leben zu bringen. Es kann im Alltag damit beginnen, dass sie gelegentlich eine Treppe benutzen anstatt den Lift zu nehmen. Wenn Sie eine sitzende Tätigkeit ausüben, stehen Sie häufiger auf. Machen Sie einen kleinen Sparziergang in der Mittagspause, kaufen Sie sich einen Hund oder holen Sie sich einen Tierheimhund, der seinerseits Bewegung einfordern wird.

Auch Essen kann entspannend sein, wenn es nicht unter Druck erfolgt. Probieren Sie es aus, frisch zubereitete Speisen sind besser als der Gang zur Imbiss- oder Dönerbude und dadurch können Sie auch ihren Gemüse- oder Obstverbrauch steigern. Wenn Sie sich zwingen müssen Obst zu essen, versuchen Sie es frisch gepresste Säfte zu trinken. Sie werden sich besser fühlen.

Den Kopf entleeren. Wohlfühlen kann auch bedeuten sich von negativen Gedanken zu trennen. Dabei hilft am besten die Meditation. Dazu braucht man aber Übung und eine gute Anleitung durch Kurse, die von Volkshochschulen oder Yogazentren angeboten werden. Eine kleine Übung kann es sein den eigenen Atem zu beobachten. Im Sitzen, Liegen und Stehen die Hände auf den Bauch legen und einfach nur ein paar Atemzüge lang spüren, wie die Luft kommt und geht. Dabei am besten durch die Nase ein- und ausatmen. Und so geht's: Langsam einatmen, kurz innehalten, dann bewusst und so lange wie möglich den Atem gehen lassen, eine kurze Pause machen und diese Übung mehrmals wiederholen.

Der Mensch ist ein Kommunikationswesen und das bedeutet keine Kommunikation mit dem Fernseher. Gehen Sie unter Leute, vergrößern Sie Ihren Freundeskreis. Nehmen Sie an einem Kampfsport- oder Tanzkurs teil oder machen Sie einen Kochkurs. Suchen Sie Kontakte über Interessengruppen im Internet. Erweitern Sie Ihren Horizont.

Leben Sie einfach mal in den Tag hinein. Kinder leben es uns vor. Einfach mal abhängen. Einen Tag ohne Handy, ohne Termine und einfach genießen, was der Tag bringt.

Den Tag genießen lernen. Aber Genuss braucht Zeit und die Erfahrung zu wissen, was einem guttut. Probieren Sie einfach etwas Neues (Konzertbesuch, Massage, Saunagang usw.). Die Möglichkeiten sind vielfältig.

Das Gehirn braucht viel Energie. Hier

helfen gelegentlich Omega-Fettsäuren die in Nüssen enthalten sind. Sorgen Sie für Abwechslung in Ihren Leben. Kaufen Sie ein anderes Parfüm, probieren sie andere Gerichte aus.

5. WIE KÖNNTE EIN ENTSPANNTES LEBEN AUSSEHEN?

„Die größten Ereignisse, das sind nicht unsere lautesten, sondern unsere stillsten Stunden."

Friedrich Nietzsche

Der Effekt des täglichen Wohlfühlens spannt natürlich den Bogen zu der Frage, wie kann ein insgesamt entspanntes Leben aussehen? Seelische Krisen können sich oftmals auch körperlich ausdrücken. So kommt es vor, dass Patienten von Arzt zu Arzt rennen, aber niemand ihre Symptome deuten kann. Der Betroffene fühlt sich nach einer Weile als „Simulant" und zweifelt an sich. Es gibt den Ausspruch unter Ärzten, dass es keine gesunden Menschen gibt, sondern allenfalls nur schlecht untersuchte. Nach dem Motto „wenn wir nur lange genug untersuchen, finden wir bestimmt was". Andere Menschen betäuben ihre Schmerzen mit zahlreichen Medikamenten um dann zu behaupten, dass sie jetzt wieder gesund sind. Es gibt keine Garantie für eine gute Gesundheit, egal wie oft sie sich ärztlich durchchecken lassen. Wer ständig in Sorge um seine Gesundheit ist, kommt nicht zur Ruhe. Das Internet macht es auch nicht besser. Sie werden nicht glauben wie viele „Hobbyärzte" ihre Krankheitsanalyse via Internet durchführen, um die möglichen Krankheiten herauszufinden. Letztens sagte ein Arzt zu einem Patienten, der ihn aufsuchte und schon viele Diagnosen mitbrachte, „wenn sie schon alles wissen, wieso kommen sie überhaupt zu mir?". Andere „Spezies" schlucken vorsorglich Berge von Vitaminpillen, essen nur BIO-Produkte oder treiben bis zur totalen Erschöpfung Sport.

Der Weg vom „Wohlfühltag" bis zum entspannten Leben ist eine Herausforderung, die jeden Tat geübt werden kann.

Eins nach dem anderen. Die größten Errungenschaften der Welt haben Menschen erreicht, die einer Aufgabe ihre ganze Aufmerksamkeit widmeten. Es ist besser eine Stunde an etwas mit 100 % zu arbeiten als 2

Stunden mit jeweils 50 %. Und wenn man eine Aufgabe nicht mit großer Aufmerksamkeit erledigt, kann man sich schon mal die Frage stellen, ob diese Aufgabe wirklich deine ganze Aufmerksamkeit verdient?

Eile mit Weile. Wenn Ihnen eine Sache wirklich wichtig ist, sollte man diese auch genießen. Oder? Die noch größere Herausforderung ist dann eine Arbeit die man eigentlich nicht so gerne macht, genießbar zu machen. Finden Sie also bei unbeliebten Arbeiten einen Weg, damit das, was Sie tun müssen, evtl. auch einen Spaßfaktor hat. Das könnte z.B. eine Reinigungsarbeit mit Ihrer Lieblingsmusik sein oder aus einer Aufgabe mit anderen einen Wettkampf zu machen.

Perfekt sein zu wollen ist toll, aber diese Perfektion ist nicht überall angebracht. Der Ingenieur der ein Haus plant muss perfekt arbeiten, möglicherweise auch der Arzt der Patienten operiert. Aber im Alltag ist diese absolute Perfektion oftmals unangebracht und raubt unnötig Energie. Man kann den persönlichen Druck abbauen in dem Sie sich gelegentlich fragen:

„Bin ich absolut glücklich, wenn ich das sofort erledige"? Gestalte ich meinen Garten absolut perfekt für mein Seelenleben oder eigentlich nur um die Nachbarn zu beeindrucken?

Gönnen sie sich Pausen. Die Friedhöfe sind voll von Personen, die der Meinung waren, dass es ohne sie nicht geht. Versuchen Sie Verantwortungen abzugeben. Rom ist auch nicht an einem Tag gebaut worden.

Verpassen Sie vor Angst nicht das Leben. Das Leben geht immer weiter. Sicherlich ist es ratsam im Leben ein paar Vorsichtsmaßnahmen zu treffen. Wer aber seine Gedanken damit verschwendet immer nur den besten Weg zu wählen, um ja keine Problemfelder zu betreten, der verpasst die Chance auf ein schönes Leben. Das gilt vor allem dann, wenn im Leben etwas Bedauernswertes geschieht. Das Leben geht weiter, man gewinnt und verliert, auch das geht vorüber. Wir lernen mit dem

Leben. Leben bedeutet Bewegung und nicht Stillstand. Entspannung im Leben bedeutet auch sich auf Dinge zu konzentrieren die sie glücklich machen und nicht nur darauf, was ihnen Sicherheit gibt.

6. DIÄTEN BRINGEN LANGFRISTIG NICHTS – SIE MACHEN NUR KRANK

„Essen, um zu leben, nicht leben, um zu essen"
Mahatma Gandhi

Wenn eine strenge Diät einen Sinn hat, dann lediglich den, dass man beim Einstieg in Abnehmbemühungen Anfangserfolge erzielt, die einem dann die Kraft geben, weiter zu machen. Sie kennen sicher die scherzhafte Bemerkung, dass das erste was man bei einer Diät verliert die gute Laune ist. Experten sprechen schon länger von einem sogenannten Wohlfühlgewicht, welches gesünder sein kann als das Idealgewicht. Dieses Wohlfühlgewicht liegt unter Umständen auch leicht über dem Normalgewicht. Wichtig bei unserem Gewicht muss es sein, dass es nicht zur Belastung im Alltag wird. Um ein Kilo Gewicht zu verlieren, muss der Mensch 7000 Kalorien einsparen. Um es simpel auszudrücken: Bleiben Sie am Tag unter Ihrem normalen Kalorienbedarf, der liegt je nach Größe, Gewicht und Alter zwischen 1500 und

2000 Kalorien, dann werden Sie abnehmen. Natürlich können Sie Ihren Tagesverbrauch weiter steigern durch sportliche Aktivitäten. So kann z. B. eine Stunde leichtes Joggen einen Verbrauch von 500 – 600 Kalorien bedeuten. Die Ursache für Übergewicht liegt bei etwa 90 % der fettleibigen Menschen beim Essen und nicht bei den Genen. Bekanntlich beginnt erfolgreiches Abnehmen im Kopf. Daher starten Sie mit dem Bewusstsein zu erkennen bei welchen Gelegenheiten sie essen. Sie brauchen dann keine Diät um Gewicht zu verlieren, sondern einfach eine Umstellung Ihrer Essgewohnheiten, was natürlich auch beinhaltet, dass sie darauf schauen was Sie essen. Der erste Schritt ist es zu erkennen, wann Sie essen. Dabei kommt es darauf an, welcher Ess-Typ Sie sind. Sind Sie ein Frustesser, Belohnungsesser, ein Sorgenesser, ein einsamer Esser oder ein Harmonieesser? Um das herauszufinden müssen Sie zu Papier und Bleistift greifen um eine Zeitlang aufzuschreiben wie sich Ihr

Essverhalten gestaltet. Zur Verdeutlichung des „Teufelskreislaufes" dienen folgende Aussagen:

Ungelöste Konflikte jeder Art führen zu hohen Cortisolwerten im Blut und die steigern den Energiebedarf des Gehirns. Das führt zu Stress. Dieser Stress kann schnell beruhigt werden, in dem wir Essen. Dauerstress bringt das Gleichgewicht des Körpers völlig durcheinander und führt letztlich zu einem krampfhaften negativen Essverhalten. Daher gibt es in diesem Falle drei Varianten. Die erste Variante wäre die ungelösten Konflikte zu analysieren, dass erst gar kein Stress entsteht. Die zweite Möglichkeit besteht darin den Energiebedarf im Gehirn durch Speisen zu beruhigen, die nicht stark kalorienbelastend sind. Als dritte Alternative bietet sich an, den Stress durch Entspannungstechniken zu lösen. Das kann Meditieren, moderate sportliche Betätigung oder auch Yoga sein.

7. HÖREN SIE AUF ZU JAMMERN…
UND VERLASSEN SIE DIE OPFERROLLE

„Es gibt Menschen, die mehr Zeit damit verbringen, sich über das selbstgewählte Leben zu beklagen, als dieses einfach nur zu leben."

Elvira Lauscher

In Deutschland haben wir gute Rahmenbedingungen um eigentlich ein zufriedenes Dasein zu führen. Trotzdem finden viele Menschen immer noch einen Grund zum Jammern. Woher kommt das? Vielleicht gibt es eine einfache Erklärung dafür. Glück haben und glücklich sein ist nicht immer dasselbe. Glück bedeutet die Freiheit viele Dinge machen zu können. Aber genau diese vielfältigen Möglichkeiten können auch belastend sein. Dann nämlich, wenn diese Vielfältigkeit uns daran hindern unseren tatsächlichen, manchmal auch unbewussten, Wünschen nachzugeben. Glück bedeutet auch Mut, Dinge im Leben zu verändern. Da der Mensch ein Gewohnheitstier ist, ist das besonders schwer. Es werden daher die

Menschen beneidet die ihr Leben radikalen Veränderungen unterziehen. Nicht wegen der Veränderung sondern wegen ihres Mutes dies zu tun. Bei jedem Jammern sollte man sich immer bewusst werden, welche Probleme letztlich dazu führen. Zum „Bewusstwerden" kann es manchmal hilfreich sein an Orte zu gehen an denen es Menschen nicht so gut geht. Egal ob das ein Krankenhaus, ein Alten- oder Pflegeheim ist. Die Variante wird Ihnen möglicherweise radikal vorkommen. Sie können sich auch daran erinnern, dass sie das Glück hatten in einem Land aufzuwachsen, mit einem ausgeprägten Sozialstaat, wo niemand verhungert, erfriert oder ärztlich nicht versorgt wird. Oder wollten Sie lieber in Kalkutta auf dem Straßenpflaster oder in einem Elendsviertel von Brasilien geboren werden? Das Bewusstwerden der eigenen Probleme führt häufig zu der Einsicht, dass viele ihrer Probleme keine wirklichen Probleme sind. Und für den Rest der Probleme gilt dann die aufrichtige Frage; Probleme Ja, aber in Beziehung zu was?

Beispiele:

Ja ich bin jetzt gezwungen diese ungeliebte Tätigkeit zu verrichten, das ist aber nichts im Vergleich zu den Kindern die in Manila auf Müllhalden arbeiten, um Geld für Nahrung zu verdienen. Ja, ich habe eine schwierige Klausur vor mir, das ist aber nichts im Vergleich zu den vielen Menschen, denen eine Schulbildung gänzlich verwehrt ist. Ja, ich muss einige Tage ins Krankenhaus, das ist aber nichts im Gegensatz zu Menschen, denen jede Art von ärztlicher Versorgung versagt bleibt. Ja, ich habe keinen einfachen Job, das ist aber nichts im Gegensatz zu Menschen, die von Unternehmen rücksichtslos ausgebeutet und unterdrückt werden.

Prägen Sie sich folgenden Ratschlag ein:

„Hören Sie endlich auf ein Opfer zu sein!"
„Opferlämmer sind ohne Perspektive."
　　　　　　　　　　　Erhard Horst Bellermann

Wir alle sind für unser Leben verantwortlich und haben immer die Entscheidung „Opfer" oder „Gestalter" zu sein. Ein „Opfer" bewegt sich nicht und sucht die Schuld bei anderen für sein Unglück. „Es geht mir schlecht, weil meine Eltern mich nicht geliebt haben."; „... mein Ehepartner mich mies behandelt."; „... meine Kindheit eine einzige Scheiße war." usw. Diese Gedanken bringen Sie nicht weiter, Sie werden Ihr Leben mit Klagen oder Weinen vergeuden. Sie hatten eine schwere Kindheit? Geben Sie mal in einer Internetsuchmaschine das Schlagwort „schwere Kindheit" ein und Sie werden sich wundern, dass Sie viele tausend Treffer erhalten. Viele hatten eine schwere Kindheit. Das ist aber kein Grund im Jammertal zu verbleiben. Opfer bewegen sich nicht und warten vergebens auf bessere Zeiten. Werden Sie zum Gestalter ihres Glücks. Sie sind immer selbst dafür verantwortlich, wie Sie sich fühlen wollen. Ob Sie glücklich oder unglücklich sein wollen. Erwarten Sie nicht von anderen, dass diese Sie glücklich machen. Dieser Weg endet in einer Sackgasse. Werden Sie aktiv und übernehmen Sie die Verantwortung für ihr Leben.

Frischer Wind im Alltag kann wahre Wunder bewirken. Das können kleine Veränderungen sein. Lernen sie ein Instrument, besuchen Sie VHS-Kurse. Brechen Sie aus Gewohnheiten aus. Alle streben nach Perfektion. Mittelmaß kann auch richtig sind.

8. BLEIBEN SIE GELASSEN UND FRIEDFERTIG

„Zur Duldsamkeit gehört nicht, dass ich auch billige, was ich dulde. Alle unsere Streitigkeiten sind aber daraus entstanden, dass einer dem anderen seine Meinung aufzwingen will."

Mahatma Gandhi

Warum können wir so schwer gelassen sein? Weil wir uns immer wieder durch kleinste Missstände in schlechte Stimmung versetzen lassen. Beobachten Sie sich mal im Alltag. Sie fahren zu spät los und ärgern sich unterwegs über den Verkehr. Sie suchen ihre Hauschlüssel, Sie parken ohne Parkschein, weil Sie gerade kein Kleingeld haben und bekommen ein Verwarnungsgeld verpasst. Im Zug sitzt jemand auf ihrem reservierten Platz, Sie kommen zu spät zur Arbeit und Kunden sitzen bereits vor ihrer Tür, so dass der Tag schon stressig beginnt.

Man könnte sagen wir sind Dauerbeschäftigte wenn es um die Erledigung von Alltagspflichten geht. Wie können wir uns von diesen Zwängen befreien? Von den „guten"

Zwängen wie Besitz, Geld, Gesundheit, Wohlbefinden als auch von den „negativen" wie Tod, Krankheit, finanzielle Problemen usw.

Die Chance zur Gedankenveränderung liegt zunächst einmal darin sich bewusst zu machen, welche Gedanken lösen bei mir welche Gefühle aus. Dazu kann es im ersten Schritt Sinn machen, diese Gedanken und die dazu gehörenden Gefühle aufzuschreiben. Danach analysieren sie diese Gedanken und zwar in der Form, dass sie sich fragen: „Entspricht mein Gedanke der Wirklichkeit?" und führt der Gedanke dazu, dass ich mich wohlfühle?

Damit verbunden ist die weitere Frage: Wie muss ich denken, damit es mir besser geht? Schließlich ist es meine Aufgabe die negativen Gedanken durch positive zu ändern. Das erfordert Übung.

Wie könnte eine solche Übung aussehen?

Probieren Sie einen Tag zu verbringen, ohne den Gedanken daran alle Probleme gleichzeitig lösen zu wollen. Ich versuche in den nächsten drei Stunden niemanden für sein Verhalten zu kritisieren oder zu korrigieren.

Ich strebe an mich den Umständen anzupassen und verlange nicht vom Leben, dass sich die Umstände meinen Wünschen anpassen.

Ich werde heute 15 Minuten versuchen nur gute Gedanken zu denken.

Ich werde in der nächsten Stunde eine gute Tat vollbringen, aber niemandem davon erzählen.

Ich werde mich heute nicht hetzen lassen und plane nur Dinge die mir Freude bereiten.

Ich vertraue an diesem Tag auf das Gute im Menschen, auch wenn ich hin und wieder von Einzelheiten enttäuscht werde.

Gelassenheit zu üben ist eine Entscheidung. Es bedeutet zu akzeptieren was geschieht, dass Glück nicht planbar ist. Es hat etwas damit zu tun Gefühle zuzulassen. Die innere Ruhe wiederzufinden und das Leben mit seinen Sinnen wahrzunehmen, welches in diesem Augenblick wichtiger ist als das Denken ist.

Üben Sie nach vorangegangen Gedanken einen Gelassenheitstag. Er muss nicht perfekt sein. Vor allem Dinge, die nicht glatt laufen, werden ihrem Unterbewusstsein deutlich machen, dass nicht jeder gelebte Tag perfekt sein muss.

Ein Vorbote der positiven Einstellung und damit auch der guten Laune ist sicherlich auch die Friedfertigkeit. Wer friedfertig ist kann nicht gleichzeitig aggressiv sein. Friedfertigkeit beinhaltet einerseits die Fähigkeit Frieden mit jemand schließen zu können, vor allem aber auch den ersten Schritt zu diesem Frieden machen zu können. Wer friedfertig ist geht auch mit sich selbst sanft um, und erspart sich damit Ärger.

„Jeder muss seinen Frieden in sich selber finden, und soll der Friede echt sein, darf er nicht von äußeren Umständen beeinflusst werden."

Mahatma Gandhi

Es lohnt sich nicht, sich aufzuregen. Wenn Sie einen Einblick hätten, was in ihrem Körper geschieht, wenn Sie sich aufregen, welche chemischen Prozesse dort stattfinden, die unseren Organismus belasten, würden Sie genau überlegen, ob es Sinn macht, sich aufzuregen. Man kann Friedfertigkeit trainieren, wenn man sich bewusst macht, warum man wütend ist.

Friedfertigkeit bedeutet allerdings nicht den Frust einfach herunter zu schlucken, weil er so auf Dauer zu einer Depression führen kann. Friedfertigkeit bedeutet dieses „Wutgefühl" zwar kurz wahrzunehmen, diesem jedoch keinen so großen Raum zu geben, dass es Ihnen den Tag vermiest. Bei Wut empfindet der Mensch eine Bedrohung. Wie der Autofahrer der auf der linken Spur durch einen nachfolgenden Kraftfahrer mit Lichthupe bedrängt wird, die Spur zu wechseln. Friedfertigkeit ist gewaltfrei. Sie müssen die Perspektive verändern und das kann man üben, jeden Tag. Wenn jemand mit hochrotem Kopf herumbrüllt, können Sie innerlich lächeln und denken: „Der arme Mann, hoffentlich bekommt er keinen Herzinfarkt". Wenn jemand drängelt, lassen Sie ihn vorbei, ohne darauf wirklich zu reagieren. Achtsamkeit erfordert Friedfertigkeit. Reagieren Sie bei einem Angriff nicht mit einem Gegenangriff, sondern versuchen Sie die Situation zu beruhigen. Das kann auch in der Form geschehen, dass Sie dem anderen z. B. ihre Hilfe anbieten. Wenn nichts mehr möglich ist, gehen Sie einfach und lassen Sie die Sache auf sich beruhen.

Seien Sie gewiss: Glückspilze sind selten angespannt. Sie sind selten ängstlich und vor allem ist gute Laune so ansteckend. Probieren Sie es aus, sprechen Sie Menschen, wo immer es geht an. Im Supermarkt, beim Warten auf den Bus. Machen Sie eine nette Bemerkung, sagen Sie etwas Humorvolles und lächeln Sie ihre Mitmenschen an. Glückspilze sind auch offen für neue Erfahrungen.

9. LIEBE VERLEIHT KRAFT

„Was du liebst, lass frei. Kommt es zurück, gehört es dir – für immer."

Konfuzius

Positive Gefühle wie Freude, Hoffnung und Begeisterung steigern die Gesundheit. Zu diesen positiven Dingen gehört sicherlich auch die Zuneigung zwischen zwei Menschen. Liebe hat eine unglaubliche Wirkung auf unseren Alltag. Obwohl inzwischen jede dritte Ehe geschieden wird, überwiegen die positiven Elemente einer halbwegs funktionierenden Partnerschaft. Jeder kommt mal in eine Situation im Leben in der er nicht weiter weiß. Aber wenn wir jemanden lieben, haben wir eine positivere Grundeinstellung zum Leben. Man weiß was man selbst erreichen kann, was man gemeinsam erreichen kann. Es gibt nur Liebe und Angst. Wo Liebe ist, kann keine Angst sein.

Liebe schenkt Hoffnung, Vertrauen, Zuversicht, sie kann uns helfen Gewohnheiten loszulassen, Fremdes zu verstehen oder Verletzungen zu verzeihen. Sie befreit uns von Ängsten und schafft Frieden. Liebe ist nicht alles, aber ohne Liebe ist alles nichts. Während der Verstand die häufigste Ursache für Krankheiten ist, ist das Herz die Quelle der Heilung.

Es gibt nicht nur den einen Partner. Für eine gute Beziehung kann es nicht schaden, dass beide Partner den gleichen sozialen Hintergrund haben oder sich bei den Charaktereigenschaften ergänzen. Eine gute Beziehung ist viel Arbeit was auch beinhaltet gelegentlich nachzugeben, auch wenn es noch so schwer fällt. Verliebtheit ist nicht dasselbe wie Liebe und manche Verliebte merken nicht einmal das sie nur in das Gefühl des Verliebtseins verliebt waren. Ein gutes Leben kann keiner führen der keine Liebe ausstrahlt. Und jeder weiß wenn man Liebe gibt, erhält man fast immer auch Liebe zurück. Ohne Liebe gibt es kein Glück in der Ehe und für die Ehe kann gelten, dass die große Liebe nicht immer die Liebe des Lebens ist.

Was ist keine Liebe?
Liebe bedeutet nicht Kampf.
Liebe bedeutet nicht Eroberung.
Liebe bedeutet nicht Besitzansprüche zu haben.
Liebe bedeutet nicht jemanden etwas schuldig zu sein.
Liebe bedeutet nicht verantwortlich für etwas zu sein.
Liebe beinhaltet keine Pflichten.
Liebe ist ein Geschenk.

10. GUT GELAUNTE MENSCHEN LEIDEN WENIGER

"Nichts auf der Welt ist so wunderbar ansteckend wie schlechte Laune."

Charles Dickens

Die Wissenschaft hat festgestellt, dass die Hirnregionen in denen Schmerz und Gefühle stattfinden sehr eng miteinander verknüpft sind. Daher sorgt eine bessere Stimmung dafür körperliche Qualen weniger stark zu empfinden. Die Kraft positiver Gedanken spielt bei der Heilung von Krankheiten eine große Rolle. Sie können Schmerzen lindern wie Medikamente. Warum werden Menschen im Alter entweder gelassener oder verbitterter? Die Umstände und die Einstellung des Einzelnen sind entscheidend. Erhöhtes Armutsrisiko macht krank. Aktivität, Neugierde und die Freude am lebenslangen Lernen bessert die Gesundheit, vor allem im Alter.

Sorgen Sie für positive Stimmung: Lassen Sie an der Kasse jemanden vor, geben Sie ein üppiges Trinkgeld, grüßen Sie die Passanten, geben Sie ihren Parkschein weiter, seien Sie entspannt im Straßenverkehr und gewähren einem anderen Vorfahrt. Es gilt die Devise: Erhalten Sie Ihren Humor und verschonen Sie Ihre Mitmenschen mit Ihren Launen.

11. KLEINE AUSZEIT NEHMEN

„Auch die Pause gehört zur Musik."
                                      Stefan Zweig

Negativer Stress macht krank. Jeder von uns empfindet Stress anders, weil das Stressempfinden subjektiv ist. Positiver Stress ist allgemein bekannt als „Wohlfühlstress" und nicht schädlich. Sie erhalten eine Art Belohnung oder Ehrung und sind aufgeregt. Die wichtigste Maßnahme gegen Stress ist der Zeitgewinn, besser gesagt der „Auszeitgewinn". Gewinnen Sie Zeit für sich. Die Länge der Auszeit ist dabei immer individueller Art. Sie kann 10 Minuten, 30 Minuten oder auch mal eine Woche dauern. Wichtig ist, dass Sie bei der Auszeit Ihre Anspannung verlieren, um wieder zu sich selbst zu finden. Machen Sie das was Ihnen gut tut und ihnen hilft zu entspannen. Hören Sie Musik, gehen Sie spazieren, legen Sie sich hin, auch eine Kurzmassage auf einem Massagestuhl in einem Kaufhaus kann hilfreich sein. Nehmen Sie sich die Zeit, auch wenn sie eigentlich denken, dass Sie keine Zeit dafür haben.

Der Weg aus dem „Alltagsstress" gelingt durch das Schaffen von regelmäßigen Pausen. Es ist wichtig Abstand zu einer Sache zu gewinnen, die Sie im Moment schwer belastet, denken oder sammeln Sie schöne Momente, üben Sie auch mal „Nein" zu sagen und sagen Sie innerlich „Stopp" wenn sich Ihre Problemgedanken überschlagen. Lernen Sie eins nach dem anderen zu machen und ändern Sie alte Gewohnheiten wie z. B. Fernseher anmachen wenn Sie nach Hause kommen, häufiges E-Mails- oder Sozial Media checken, aus Angst etwas zu verpassen, auf dem Sofa vor dem Fernseher einschlafen usw.

Untersuchungen haben ergeben, dass Nichtstun auch produktiv sein kann. So absurd das auch klingt. Wir haben wirklich verlernt absolut nichts zu tun. Nichtstun bedeutet keinerlei zielgerichtete Tätigkeiten. Neumodisch formuliert könnte man von

„Abhängen" sprechen. Das kann der Besuch von Lieblingsorten sein, ohne Handy, ohne Erreichbarkeit, dem Regen lauschen, in einem Tagtraummodus versinken, das Zeitgefühl verlieren...

Aktivität ist in der Regel der Einstieg für gute Gefühle. Das hat aber Grenzen. Überfordern Sie sich nicht. Erschöpfung im Dauerzustand macht krank. Sagen Sie „Nein", nicht alle Aufgaben erfordern einen hundertprozentigen Einsatz, manchmal reichen auch 70 %, vergessen Sie den Perfektionismus, oft hat man die Möglichkeit ein Arbeitsergebnis nachträglich zu verbessern.

Die Auszeit kann auch morgens beginnen. Wir sind im Arbeitsleben oft durchgetaktet. Falls Sie das Gefühl haben die Zeit läuft Ihnen tagsüber davon, dann starten Sie den Tag entspannt. Stehen Sie eine Stunde früher auf und lassen den Tag ohne Hektik selbstbestimmt beginnen. Diese Stunde für sich kann Ihnen niemand mehr nehmen.

12. DAS PROBLEM DES NACHGEBENS..

„*Der Zweig der nachgibt bricht nicht*"

jap. Strichwort

Gute Vorsätze zu bilden ist am einfachsten, wenn wir entspannt sind. Ab morgen beginne ich mit der Diät, nachdem Sie eben nochmal gut gegessen haben. Morgen ist mit dem Rauchen Schluss. Ich rauche die angebrochene Packung heute noch zu Ende. Abends bequem auf dem Sofa mit der Aussage: „Ab morgen treibe ich Sport". Der Vorsatz „ab Morgen" erlaubt uns heute nochmal auf den „Pudding" zu hauen. Die Hürde des Nachgebens ist niedriger je radikaler oder unbestimmter unsere Vorsätze sind. Die Vorsätze sollten daher so verfasst sein, dass sie klar und nicht überzogen sind. Also nicht: Ich treibe ab morgen Sport!; sondern: Ab morgen gehe ich jeden Tag 15 Minuten joggen! Oder: Ab morgen esse ich nach 17.00 Uhr nichts mehr! Oder: Ab morgen esse ich keine Kohlenhydrate am Abend! Oder: Ab morgen rauche ich nur noch 3 Zigaretten täglich. Die Aufforderung „Stärke deine Stärken und Schwäche deine Schwächen" gilt nicht ausnahmslos. Die Dosis ist entscheidend. Arzneimittel können Krankheiten mildern oder heilen, überdosiert können sie jedoch schaden. Zurückhaltung kann als konfliktscheu bezeichnet werden, kann aber vor schädigenden Auseinandersetzungen schützen. Es gilt die persönlichen Stärken und Schwächen zu kennen, aber auch zu erkennen, worin die Stärke einer Schwäche liegen kann.

13. SEIEN SIE KEIN „SCHAF"

„Adler fliegen allein, aber Schafe scharen sich zusammen"

Chinesisches Sprichwort

Wir tun häufig etwas, weil es uns vorgelebt wird oder weil es „üblich" ist. Letztlich ist das ein Verhaltensmuster wie bei einer Schafherde, die dem Leithammel folgt. Tun Sie nichts weil es „üblich" ist. Vor allem dann nicht, wenn sie es nicht wirklich wollen. Geben Sie also kein „Trinkgeld" für eine Dienstleistung, wenn Sie mit dieser absolut unzufrieden sind, auch dann nicht, wenn ein „Trinkgeld" üblich ist. Gratulieren Sie niemandem herzlich zum Geburtstag wenn Sie ihn nicht mögen oder sogar hassen. Sie fühlen sich dem Grunde nach nur schlecht dabei.

Der Mensch ist zu einem hohen Prozentsatz ein Herdentier. Wenn man jedoch ein anderes Leben führen will, ist das eine höchstpersönliche Entscheidung.

Das Zauberwort heißt Selbstbestimmtheit.

Was letztlich bedeutet, dass der Mensch eigenständig bestimmt, wie er sein Leben gestalten will. Es ist darauf ausgerichtet unabhängig zu sein und Ratschläge anderer zwar zu hören, aber letztlich nur dann zu befolgen, wenn Sie im Einklang mit den eigenen Vorstellungen stehen. Um Selbstbestimmt leben zu können brauchen Sie jedoch einige Grundkriterien. Erforderlich ist Selbstbewustsein, Mut, die Konsequenz zum Handeln, Wissen, eine Offenheit gegenüber anderen Meinungen, Aufrichtigkeit und auch Flexibilität. Das Ziel kann sich lohnen, denn ein selbstbestimmtes Leben schafft Freiheit, innere Ruhe und Freiraum für eigene Ideen.

14. DER EINZIG WERTVOLLE AUGENBLICK

„Gib jedem Tag die Chance, der schönste deines Lebens zu werden".

Mark Twain

Der einzig wahre Augenblick im Leben ist immer die Gegenwart. Das „Gestern" ist ebenso nur ein Gedanke wie die Vorstellung an „Morgen". Viele Menschen vergeuden den einzig authentischen Augenblick mit Gedanken an die Vergangenheit oder an die Zukunft. Der Bestsellerautor Eckard Tolle spricht davon, dass viele Menschen nicht im „Jetzt" und „Hier" leben. Ist man im Büro denkt man an den Feierabend oder ist man Zuhause an den nächsten Tag im Büro, um es verkürzt auszudrücken. Das Leben findet aber wahrhaft nur im „Jetzt" statt. Das sollte sich jeder so oft wie möglich bewusst machen, um auch bewusst leben zu können.

Unterbrechen Sie also ihre Gedankenwelt durch die Aufmerksamkeit auf den jeweiligen Augenblick, so oft es geht und Sie leben bewusster.

Warum besteigen Menschen Berge unter Gefahren und unter höchstem Körpereinsatz? Bergsteigen verlangt die höchste Aufmerksamkeit des Augenblicks, der nächsten Klippe, den nächsten Griff. Aufmerksamkeitsdefizite können hier zu schweren Fehlern führen, die tödlich sein können. Alles im Gehirn muss dieser Konzentration weichen.

15. DIE KUNST SICH WEITER ZU ENTWICKELN

Sie werden erleben, dass man versucht Sie zu manipulieren oder dass Sie daran gehindert werden, Ihre Ziele zu verfolgen. Diesem Phänomen begegnen wir häufig in der Berufswelt. Der Bestsellerautor Stephan Corvey hat in seinem Buch „Die sieben Wege der Effektivität" davon gesprochen, dass wir auch in anscheinend aussichtslosen Situationen Bedingungen schaffen können, uns weiter zu entwickeln. Er nannte diese Methode Pro-Aktives-Handeln. Er beschreibt in seinem Buch ein Beispiel wie man, unter einem cholerischen Chef, einen Weg finden kann seine Kreativität nicht vollständig zu verlieren. Und zwar unter der Bedingung, dass eine Umsetzung oder ein Jobwechsel derzeit nicht möglich sind. Es gibt immer Spielräume, die Sie nutzen können, Sie müssen nur lange genug danach suchen. Die Botschaft ist hier immer die Gleiche:

„Es ist nicht das, was geschieht, was uns verletzt, sondern die Art wie wir darauf reagieren".

Stephen Covey

In Bezug auf den schwierigen Chef bedeutet dass, dass sie trotz aller Widrigkeiten versuchen den eigenen Einflussbereich zu erweitern, um gegebenenfalls so, die „Schwächen" des Chefs auszugleichen und seine Stärke zu ergänzen und zwar so, dass der Chef Sie nicht als Bedrohung sieht.

„Es kann Dich nur jemand verletzten, wenn Du es zulässt."

Mahatma Gandhi

Leidenschaft benötigen wir nicht nur für eine Beziehung. Es gibt auch eine Leidenschaft am Leben und für das Lernen. Unser Gehirn möchte, dass wir aktiv sind und belohnt diese Aktivität nicht selten mit Glückshormonen. Man möchte doch bei der Aktivität weder gezwungen noch belehrt werden. Wir möchten die Dinge selbst gestalten. Konzentrieren Sie sich daher auf das was Sie können und nicht auf das was Sie loslassen müssen oder möchten. Wir alle brauchen ein spezielles Interesse im Leben, sonst leben wir nicht.

Weiterentwicklung kann bedeuten:
Ein Ziel zu haben.
Veränderungen anzunehmen.
Für Neues offen zu sein.
Erfahrungen zu sammeln.
Sich selbst entdecken.
Lebenslanges Lernen.
Seine Wertvorstellungen zu kennen
und diese von Zeit zu Zeit zu überprüfen.

16. Vergangenes ist vergangen

„Mehr als die Vergangenheit interessiert mich die Zukunft, denn in ihr gedenke ich zu leben"

Albert Einstein

Menschen die stark mit der Vergangenheit verhaftet sind, äußern sich gelegentlich so: „So bin ich halt!"; „Ich war schon immer so!"; „Das ist halt meine Art" oder so: „Sie müssen mich nehmen wie ich bin!"
Es ist genauso wie die Fabel, die von einem Frosch und einem Skorpion erzählt.

„Lieber Frosch, nimmst du mich auf deinem Rücken mit zur anderen Uferseite? Ich kann nicht schwimmen., fragte der Skorpion.

„Nein, das werde ich nicht tun. Sobald wir in der Mitte des Flusses angekommen sind, wirst du mich mit deinem Giftstachel stechen und wir werden beide sterben."

„Warum sollte ich das tun? Wenn ich dich steche, so werde auch ich ertrinken und ich hätte nichts dabei gewonnen." Der Frosch überlegt kurz und entschließt sich letztlich den Skorpion doch mit zur anderen Flussseite zu nehmen.

In der Mitte des Flusses angekommen, holt der Skorpion mit seinem Stachel aus und sticht den Frosch in den Rücken. Mit den letzten Atemzügen fragt der Frosch: „Warum hast du mich gestochen? Jetzt sterben wir beide". Darauf der Skorpion: „Ich bin ein Skorpion, es ist meine Natur, ich kann nicht anders."
Und beide ertranken…

Das bedeutet im Klartext: „Ich habe kein Bock auf Veränderung". Die Aussage „So bin ich halt", ist eigentlich absurd, weil es eine menschliche Natur, wie sie beschrieben wird, nicht wirklich gibt. Es ist nur mein persönlicher Ausdruck, dass ich mich entschlossen habe: „So will ich sein". Es ist im Grunde nach, wie so oft, die Angst vor Veränderung. Das „so bin ich" bedeutet nur, ich halte an der Vergangenheit fest. Werden Sie sich bewusst, dass dieses Anhaften sie daran hindert, sich weiter zu entwickeln…
Glückliche Menschen lassen vergangenes

Unglück los. Sie erlauben dem Unglück nicht, dass es über unsere Gedanken herrscht. Sie sind nicht paralysiert und sie beklagen sich nicht. Sie stoppen diese Gedanken und nutzen ihre Hindernisse als Ansporn.

17. ES GIBT KEINE SICHERHEIT

*„Selbst ein dickes Seil fängt an einem
Faden zu faulen an".*

Chin. Sprichwort

Jeder fürchtet sich vor Unsicherheit, weil der allgemeine Sicherheitsgedanke Frieden spendet. Man möchte das Erreichte erhalten. Die schlechte Nachricht lautet:

Es gibt keine Sicherheit. In buddhistischen Lehren wird gerne der Satz verwendet: „Alles ist instabil", also nichts ist von Dauer. Wenn Sie diese Grundregel im Ihrem Innersten annehmen, können Sie entspannter sein. Hierzu eine kleine Geschichte.

Jemand hatte ein Eigenheim errichtet und war mächtig stolz auf dieses Gebäude. Im Rahmen der knappen Finanzierung hatte er jedoch darauf verzichtet im Haus einen Blitzableiter zu installieren. Dieser kostete seinerzeit rund 3.000 Euro und die wollte er sparen. In den letzten Jahren hat der Klimawandel dazu geführt, dass immer häufiger Stürme und schwere Gewitter entstehen. Nun hatte der Hausbesitzer bei jedem Gewitter die Angst, dass in sein Haus der Blitz einschlägt und dieses wohlmöglich zerstört wird. Er überlegte vielleicht im Nachhinein einen Blitzableiter einbauen zu lassen, um die Gefahr der Zerstörung zu verringern. Als er seine Gedanken einem Freund erzählte lachte der nur darüber und meinte, wenn dein Haus zerstört werden sollte, dann brauchst Du dafür keinen Blitzeinschlag. Genauso könnte ein elektrischer Defekt einen Brand auslösen oder eine Windhose könnte über dein Grundstück fegen. Ein Flugzeug könnte auf dein Haus stürzen oder eine Gasexplosion im Straßenbereich könnte dein Haus mit in die Luft jagen. Es stimmt. Es gibt keine Sicherheit. Versicherungen verdienen ein Vermögen mit dem „Sicherheitsgedanken". Leben Sie freier in der Erkenntnis, dass es für nichts eine Sicherheit gibt. Oder umgekehrt formuliert: Nichts ist sicher, mit Ausnahme der Unsicherheit. Die Beispiele könnten fortgeführt werden: Vorsorgeuntersuchungen schützen nicht davor irgendwann doch krank zu werden. Es gibt Personen die erkrankten zwischen zwei jährlichen Vorsorgeuntersuchungen an Krebs. Regelmäßiger Sport stärkt ihre Gesundheit, gibt Ihnen aber nicht die Garantie für ein langes Leben. Ein gewonnenes Vermögen kann im Rahmen einer Wirtschaftskrise wieder verloren gehen. Sie achten sehr auf ihre Gesundheit, dass schützt sie aber nicht davor Opfer eines Verkehrsunfalls zu werden. Wir sollten uns nicht von Dingen abhängig machen, die wir haben oder nicht haben.

18. VOM BLÖDSINN DAS GEGENSÄTZE SICH IN DER LIEBE ANZIEHEN

Eine Beziehung wird vorwärts gelebt und rückwärts verstanden.

Kenneth Branagh

Es kann sein, dass eine Beziehung gerade deshalb beginnt, weil der neue Partner so ganz anders ist als die Vorgänger. Das macht ihn natürlich interessant. In den seltensten Fällen geht aber eine solche Beziehung lange gut. Eigentlich müsste es einleuchtend sein, dass die Chance das zwei Menschen gemeinsam glücklich werden am größten ist, wenn sie viele gemeinsame Interessen und Vorlieben haben. Partner die vollkommen anders strukturiert sind, gehen sich für gewöhnlich schnell auf die Nerven oder an die Gurgel bzw. gehen eben ihren Interessen getrennt nach. Meist zeichnet sich folgendes Bild ab. Entweder trennen sie sich nach anstrengenden aber verlorenen Jahren oder sie machen eine Art „Kompromiss" der letztlich für beide auf Dauer nicht befriedigend sein kann. Halten Sie sich an die Regel „Drum prüfe wer sich ewig bindet". Ein Stück „Gegensätzlichkeit" kann in einer Partnerschaft dazu führen, dass man sich in bestimmten Punkten ergänzt. Wenn jedoch die Partner keine gemeinsamen Interessen, nicht über die gleichen Dinge lachen, keine gemeinsame Freunde oder gleiche Lebenskonzepte haben, dürfte es schwierig werden. Mit Erwartungen, Forderungen und Ansprüchen vertreibt man den Partner. Man kann sich immer etwas wünschen, aber man sollte es nicht immer erwarten.

Mit Sicherheit kann uns das, was wir als neu oder anders wahrnehmen, im ersten Augenblick anziehen, weil der Mensch neugierig ist. Aber man muss wissen, dass in einer Liebensbeziehung zwischen zwei sehr unterschiedlichen Menschen eine Welt liegt. Man sollte natürlich nie sagen, dass es gänzlich unmöglich ist. Die Hürden für eine dauerhafte Partnerschaft sind allerdings in diesen Fällen sehr hoch und dass sollte

Ihnen bewusst sein. Wenn keine hohe Toleranzbereitschaft, keine gemeinsamen Lebensziele oder ein grundsätzliches Interesse an dem anderen Partner besteht bis auf die körperliche Anziehung, wird es für eine dauerhafte Beziehung in diesen Fällen schwer.

19. SPIELEN SIE IN DER BEZIEHUNG KEINE ROLLEN.

„Auf der Bühne wird die Maske von der Rolle, im Leben wird die Rolle von der Maske bestimmt"

Hans Krailsheimer

Es ist wie bei einer Partnersuche via Internet. Man möchte sich möglichst toll darstellen und verschweigt die eine oder andere Schwäche. Spätestens beim ersten Treffen kommt dann die Stunde der Wahrheit. Wenn Sie bei Ihren Äußerlichkeiten etwas gemogelt haben, kann es sein, dass es kein zweites Treffen geben wird. Wenn Sie sich in der Beziehung verstellen, also eine Rolle spielen, müssen Sie wissen, dass eine falsche Selbstdarstellung auch eine falsche Liebe bei ihrem Gegenüber erzeugt. Sie können eine Rolle in einer Liebesbeziehung nicht lange aufrechterhalten. Irgendwann fallen alle Masken bzw. die Leichen werden aus dem Keller gespült. Wenn Sie schon vorher geheiratet haben, ist es zu spät.

20. VERSUCHEN SIE NICHT DEN PARTNER UMZUERZIEHEN

Die Geschichten von dem direkten Flug in den siebten Himmel nach dem Beginn einer Liebesbeziehung gleichen sich. Nachdem die Phase des Verliebtseins beendet ist und die rosarote Brille abgelegt wird, beginnt der Abschnitt der Begutachtung und der folgt die Phase der Anpassung. Hierbei wird versucht den Partner seinen Wertvorstellungen anzugleichen. Das hat in der Regel zwei Gründe: Entweder der Partner entspricht von Anfang an nicht den Wünschen des Traumpartners oder aber die eine oder andere „Macke" des oder der Zukünftigen muss noch ein wenig „geschliffen" werden. Lassen Sie es. Den perfekten Partner gibt es nicht und wenn doch, dann hätte er oder sie garantiert eine andere oder einen anderen. Viele Paare formen an ihrer besseren Hälfte solange herum, bis sie ihn oder sie eines Tages nicht mehr wieder erkennen und voller

Überraschung feststellen, dass das nicht mehr der oder die ist, in die oder denn man sich verliebt hat. Jeder Mensch hat das Recht auf eine eigene Persönlichkeit und diese Eigenart macht letztlich eine Beziehung aus. Wir können nicht unser Leben lang darauf warten, dass der andere etwas tut, was wir uns von ihm erwarten.

21. DIE ZWANGHAFTE SUCHE NACH BEZIEHUNGEN UND DIE BEENDIGUNG EINES BEZIEHUNGSCHAOS

Der Mensch wurde nicht als „Einsiedler" geboren. Daher kommt die grundsätzliche Sehnsucht nach einem Partner fürs Leben. Einige Jahre des Alleinseins können dazu führen, dass man zwanghaft um nicht zu sagen panisch nach einem Lebenspartner sucht. Dennoch gilt die Devise: Bleiben Sie entspannt. Es gibt den schönen Ausspruch: „Liebe passiert, wenn wir sie am wenigsten erwarten". Ich kannte jemanden der ständig auf der Suche nach einer Partnerin war. Er war permanent unterwegs auf allen Veranstaltungen und Partys weil ihm klar war, dass er zu Hause in seiner Wohnung wohl am wenigsten seine Traumfrau finden wird. Nach Jahren der vergeblichen Suche fand er sich schließlich damit ab, dass er wohl nicht dazu ausgewählt ist, eine Partnerin zu haben. Er stellte die Suche ein, entkrampfte sich und lernte kurz Zeit danach seine zukünftige Ehefrau kennen, mit der er jetzt seit Jahren glücklich verheiratet ist. In der Liebe kann ein einziger Erfolg genügen.

Statistisch tut uns Menschen eine Beziehung gut. Das bedeutet aber nicht, dass eine Beziehung mit allen Mitteln aufrechterhalten werden sollte. Ansonsten kann der Umstand: „bis das der Tod uns scheidet", schneller auf unnatürliche Art eintreten als uns lieb sein dürfte. Daher muss man sich auch die Frage stellen, wann sollte ich eine Beziehung beenden?

Ganz einfach. Wenn Sie in der Beziehung dauerhaft mehr geben als sie bekommen. Beenden Sie ein solches Szenario selbst wenn es wehtut, aber schnell. Das Leben ist wirklich zu kostbar um vielleicht die besten Jahre ihres Lebens in eine Verbindung zu investieren, die keine mehr ist. Es gibt keinen Grund eine miese Beziehung zu verlängern. Auch dann nicht, wenn Kinder im Spiel sind. Eine saubere Trennung ist in diesem Fall besser als ein Leben im ständigen Streit, Chaos oder Missfallen. Machen Sie sich bewusst, dass eine dauerhafte Beziehung von einem ständigen Gleichklang lebt. Wenn dieser Gleichklang verloren geht und sich die Partner im Laufe der Ehe in zwei verschiedene Richtungen bewegen, dann haben Sie sich irgendwann nichts mehr zu geben oder zu sagen. Es geht hierbei nicht um die Suche nach einer Schuld. Und danach gilt: „Schauen Sie nicht zurück".

22. WAS SETZT EINE GUTE EHE VORAUS?

Die Ehe ist der Versuch, zu zweit mit den Problemen fertig zu werden, die man alleine nie gehabt hätte.

Woody Allen

Bei angehenden Ehepaaren sollte man diese vor dem eigentlichen „Ja"-Wort fragen, was sie von der Ehe erwarten und zwar beide Partner wechselseitig. Interessant wird sein wie viel Übereinstimmung hierbei zu Tage kommt. Ehetherapeuten weisen gelegentlich daraufhin, dass die Ehe eigentlich aus zwei Teilen besteht. Einem Gefüge welches das Zusammenleben regelt. Hierzu gehören rein praktische Dinge wie die Regeln des Zusammenlebens, welche auch abgegrenzte Verantwortung enthält. Daneben gibt es den Teil des Gefühlslebens. Er umfasst die Liebe, die Zuneigung und Zärtlichkeiten. Das mag ihnen jetzt etwas bürokratisch vorkommen, aber die Ehe wird immer dann schwierig, wenn diese beiden Ebenen miteinander vermischt werden, wenn z. B. Gefühle als Druckmittel eingesetzt werden. Die Ehe erfordert einen Gleichklang der Individuen und auch den Erhalt der eigenen Persönlichkeit, was auch einen Freiraum und eine Intimsphäre beinhaltet. Achten Sie darauf, dass sie immer Zeit für das Gefühlsleben erhalten. Belastungen des Alltags führen ständig dazu, dass dieser Rahmen eingeschränkt oder gar ganz verloren geht. Wenn das ein Dauerproblem wird, wird es ein Problem für ihre Beziehung. Gerade wenn Kinder im Spiel sind, ist es wichtig, Zeiten für „Zweisamkeit" ohne Kinder zu gewinnen und diese Zeit ist nicht die, die sie haben, wenn sie abends mit ihrem Partner zu Bett gehen. Es wird häufig gefragt wie wichtig die Treue in einer Beziehung ist. Die Treue ist im Prinzip eine innere Haltung, die nichts mit der Tagesform einer Beziehung zu tun hat. Von daher muss man auch annehmen, dass derjenige, der daran zweifelt eine Bindung einzugehen, sich nicht unmittelbar als Partner eignet.

23. WAS BEDEUTET ECHTE FREUNDSCHAFT?

„Freundschaft, das ist eine Seele in zwei Körpern"

Aristoteles

Was bedeutet Freundschaft? Im Duden findet man hier schnell Begriffe wie Loyalität, Aufrichtigkeit usw. Von dieser Begrifflichkeit betrachtet wird es Menschen geben, die sich Ihnen gegenüber entsprechend verhalten. Ein Gradmesser von Freundschaften entsteht häufig beim Thema Geld. Wenn ein Freund in Not gerät und bei Ihnen nach Geld fragt, können Sie ihm natürlich das Geld geben, wenn Sie es übrig haben. Es kann auch passieren, dass ihr Geld auf nimmer wiedersehen verschwindet. Wenn der Freund sie diesbezüglich zu manipulieren versucht und Sätze fallen wie: „Ich dachte wir sind gute Freunde", sollten sie immer vorsichtig sein. Wenn Sie ihm kein Geld geben und die Freundschaft daran zerbricht, brauchen Sie sich keine Gedanken zu machen, denn eine Freundschaft war es dann ohnehin nicht.

Hierzu passt folgende Geschichte:

Jemand hatte aufgrund eines Jobverlusts plötzlich Geldprobleme. Er fragte einen Kumpel nach einer finanziellen Unterstützung. Er gab diesem das Geld und der Betroffene schaffte es das Geld zurück zu zahlen. Die Sache wiederholte sich. Er gab wieder Geld. Diesmal jedoch kam das Geld nicht zurück. Als der Betroffene dann abermals um Geld bat, sagte der Kumpel. Ich gebe Dir keins. Nicht weil ich das Geld nicht habe, aber es geht mir um Dich. Offensichtlich hast Du finanzielle Probleme. Diese Probleme lösen sich nicht dadurch, wenn ich Dir dauerhaft Geld gebe. Im Gegenteil, ich befürchte unserer Freundschaft wird dadurch belastet. Du musst einen Weg finden um aus den Geldsorgen heraus zu kommen. Nach langem hin und her ging der Betroffene schließlich zur Schuldnerberatung die ihm einen Weg zeigte, seine finanziellen Probleme in den Griff zu bekommen. Letztlich war der Betroffene seinem Kumpel dankbar dafür, dass er ihm die Augen geöffnet hatte, um etwas zu unternehmen. Ein Freund muss Sie jederzeit in Frage stellen dürfen, ohne dass Sie die beleidigte Leberwurst spielen.

…und was bedeutet Freundschaft nicht?

Freundschaft bedeutet nicht, dass ihr Kumpel Ihnen jederzeit Geld leiht. Ein Freund ist nicht ihr „Leibeigener", der Ihnen rund um die Uhr zur Verfügung steht. Ein Kamerad ist auch niemand, der Ihnen auf Knopfdruck ohne Rücksicht auf seine eigenen Interessen zu Ihrem Vorteil verhilft oder ihnen grundsätzlich Recht gibt. Ein Freund ist auch kein „Fußabtreter" den Sie jederzeit treten oder behandeln können wie einen räudigen Hund. Freunde verlieren Sie sehr schnell wenn Sie vergessen, dass es sich hierbei um menschliche Lebewesen handelt, mit eigener Meinung und Charakter, die auch Fehler machen können.

Man kann ohne Übertreibung sagen, dass eine echte Freundschaft auch eine Form von Liebe ist. Freunde sind gerade dann wichtig, wenn man mit der Familie gebrochen hat. Freunde können mehr sein als Familie.

 Man braucht Freunde für ein gutes Leben. Pflegen Sie ihre Freundschaften. Und dazu gehört eine Portion Wertschätzung. Schenken Sie dem Freund während des Gesprächs die gesamte Aufmerksamkeit, stellen Sie Fragen, ermuntern Sie ihn etwas zu erzählen und geben Sie ihm auch das Gefühl das er ihnen wichtig ist. Ein älterer Herr sagte einmal zu mir: „ Lernen Sie ab einem gewissen Alter Ihre Freundschaften zu pflegen, sonst sind Sie später alleine".

24. VERZETTELN SIE SICH NICHT UND ZÖGERN SIE NICHT BEI DER ERLEDIGUNG UNANGENEHMER DINGE

Wir leben in einer Welt in der „Multitasking" großgeschrieben wird, jedenfalls denken wir so. Alle Dinge müssen gleichzeitig erledigt werden, dabei verlieren wir den Blick für das Wesentliche. Wir rackern uns während der Arbeitszeit so ab, dass wir abends keine Muße mehr für Freizeit finden, weil wir erschöpft sind. Die Erfindung von der Aufstellung von „To-Do-Listen" ist also gar nicht so abwegig. Eine kleine Struktur in Abläufen kann Wunder wirken. Wenn Sie z.B. wichtige Telefonate führen wollen, machen Sie das in Zeiten wo Ihre Konzentration am höchsten ist. Das ist bei vielen Menschen vormittags, kann aber auch später Nachmittag sein. Wichtig ist nur, dass sie sich bei nicht ablenken lassen. Gehen Sie von Fall zu Fall in ein leeres Büro. Wenn Sie ihre E-Mails checken, legen Sie hierfür einen festen Zeitraum fest und machen Sie dann nur das. Wenn Sie viel mit fragenden Mitarbeitern oder Kunden zu tun haben, machen Sie, soweit es möglich ist, feste Gesprächstermine aus. Lassen Sie sich auch von Störenfrieden nicht aus dem Konzept bringen. Wenn ein Kollege nicht locker lässt, sagen Sie höflich: „Jetzt geht es nicht, aber wir können in 30 Minuten reden". Ähnlich ist es mit dem Arbeitsbeginn. Stehen Sie bspw. 10 – 15 Minuten früher auf. Die Zeit macht ihre Schlafphase nicht kaputt, hilft Ihnen jedoch Zeit zum entspannten Duschen oder zum Frühstück zu gewinnen. Wenn Sie ein sportlicher Typ sind können Sie auch im Sommer ihre tägliche Joggingrunde vor der Arbeit zurücklegen. Das gibt Ihnen ein gutes Gefühl, weil sie schon aktiv geworden sind. Die Vorschläge mögen zwar eine Umstellung bedeuten, können jedoch den Arbeitstag positiv beeinflussen. Machen Sie in der Mittagspause einen lockeren Spaziergang oder nehmen Sie sich Zeit für das Mittagessen. Richten Sie Ihre Aufmerksamkeit nur auf die

Sache die im Moment wichtig ist. Versuchen Sie es und zögern Sie nicht bei der Erledigung unangenehmer Dinge

Für negative Dinge (wie z.B. Aufräumen, Hausarbeiten, Steuererklärung) gibt es keinen geeigneten Zeitpunkt. Die Tätigkeit passt Ihnen nicht, weil Sie die Arbeit als „ätzend" empfinden. Daran ändert sich auch nichts, wenn Sie die Arbeit aufschieben. Da sie getan werden muss, zögern Sie nicht mit der Erledigung zu beginnen. Aufschieben besteht in der Regel aus zwei Affekten: Selbsttäuschung bzw. Flucht. Das Aufschieben hat oft noch Nebenschauplätze wie Unsicherheit, Schwarzsehen, mangelnde Disziplin, Angst Dinge anzupacken aus Furcht vor Kritik oder dem Versagen.

„Der Aufschub ist der Dieb der Zeit"

Edward Young

Umso schneller können Sie sich wieder entspannen und haben den Kopf frei für andere angenehmere Dinge. Aufschieben kostet nur unnötige Kraft. Ok, eine Ausrede lasse ich gelten. Wenn es gar nicht geht, schieben Sie die Sache auf aber nur so, dass Sie dann einen festen Termin bestimmen, den sie dann auch bestimmt einhalten. Sie können die Problematik auch „bildlich" aus der Zeit des wilden Westens sehen. Wer bei einem Duell gezögert hat, war später tot.

25. LERNEN SIE ZU VERZEIHEN

Der Schwache kann nicht verzeihen.
Verzeihen ist die Eigenschaft des Starken.

Mahatma Gandhi

Verzeihen ist die schwerste Liebe.

Albert Schweizer

Wenn Sie verzeihen lernen wollen beginnen Sie damit sich selbst zu verzeihen. Viele kostbare Lebenszeit wird vergeudet, weil sich Menschen nicht verzeihen können. Unverzeihlichkeiten werden oft mit ins Grab genommen. Wie schrecklich. Der Mensch ist ein Beziehungswesen. Das merken Sie daran, dass ein gutes Gespräch mit einem Bekannten sehr angenehm und entspannend ist. Verzeihen beginnt bei Ihnen selbst und sollte dann weiter gehen auf die Menschen die Ihnen wichtig sind bzw. die Ihnen nahe stehen. Niemand wird gerne kritisiert und Kritiker üben häufig auch Selbstkritik. Verzichten Sie auf Kritik. In einigen Glaubensleeren finden Sie die Aufforderung: „Bewerten Sie nichts". Beginnen Sie dabei bei sich selbst. Gehen Sie immer davon aus, dass Sie stets versuchen

Ihr Bestens zu geben. Das bedeutet nicht, dass Sie nicht jemanden zu Recht weisen sollen, der sich Ihnen gegenüber respektlos verhält. Gelegentlich hilft auch, dass Sie Ihrem Gegenüber den derzeitigen Zustand beschreiben und sagen: „Merken Sie nicht, dass sie mich anbrüllen".

Verzeihung kann auch als Geste verstanden werden. Sie entschuldigen sich, wenn Sie sich daneben benommen haben, geben Ihren Mitmenschen ein kleines Geschenk oder aber Sie ersetzen eine Sache, die Sie beschädigt haben.

Da Verzeihung letztlich eine Sache des Willens ist, braucht Sie auch Zeit, weil es ein Prozess ist. Er ist eine Auseinandersetzung mit dem was geschehen ist. Verzeihen braucht Stärke und hat nichts mit Unterwerfung zu tun. Es hat etwas mit Mitgefühl und Großzügigkeit zu tun. Es ist auch eine Sache des „Loslassens". Man darf letztlich nicht vergessen, dass der Mensch fähig ist, sich auf das Gute einzulassen.

Manche stellen sich die Frage was der Unterschied zwischen Verzeihen, Vergeben und Versöhnung ist. Verzeihen bedeutet auf einen Anlass für eine heftige Reaktion mit Nachsicht und Großzügigkeit zu reagieren. Vergebung bedeutet nicht vergessen. Es ist eine Art „Freisprechung" von der Schuld eines anderen. Manchmal braucht es hierzu Zeit, manchmal Kraft und manchmal Geduld. Die Versöhnung geht weiter als die Vergebung weil es eine Art positive Zuwendung ist. Daher wird gerne davon gesprochen, dass das Verzeihen der erste Schritt in Richtung Versöhnung ist.

26. ARBEIT DIE IHNEN SPASS MACHT, BRINGT SIE WEITER

Arbeit um der Arbeit willen ist gegen die menschliche Natur.
John Locke

In der Regel müssen wir alle arbeiten um für unseren Lebensunterhalt zu sorgen. Der Traum dabei ist, dass man sein Geld im Schlaf verdient. In die ähnliche Richtung geht natürlich ein Job der Ihnen so richtig Spaß macht. Manche würden gerne ein Star sein, ohne genau zu wissen, was damit verbunden ist. Weltstars haben meistens andere Probleme, so z.B. irgendwo unbeobachtet die Freizeit verbringen zu können. Auch Meister ihres Fachs müssen für den Erfolg schwer arbeiten. Wenn Sie z.B. sportliches Talent haben, müssen Sie viel üben, um an die Weltspitze zu kommen. Talent allein reicht nicht. Studien belegen, dass die größten Talente letztlich nur durch enormes Training zur Spitze gekommen sind. Untersuchungen haben gezeigt, dass zwischen einem sehr guten Musiker und einem Topmusiker die doppelte Anzahl an Trainingseinheiten liegen. Um nochmals auf den Anfang zurück zu kommen:

Es ist nicht falsch, wenn wir die Arbeit, die wir zum Geldverdienen verrichten nicht hassen, sondern schätzen. Wenn wir mit schlechten Gefühlen zur Arbeit gehen, kann der Tag sehr lange werden und das Warten auf die Rente wird zur Ewigkeit. Schauen Sie sich nach einer Arbeit um, die Ihre Fähigkeiten hervorbringt. Sich mit der Arbeit anzufreunden erleichtert vieles. Wenn das nicht im Hauptjob funktioniert, gelingt es vielleicht im Nebenjob. Woran merken Sie, dass die Arbeit Freude macht? Ganz einfach. Wenn Sie die Zeit vergessen. Sie kommen in eine Art Flow. Der Begriff stammt aus dem englischen und bedeutet „Fließen, Strömen". Er bezeichnet das als beglückend erlebte Gefühl eines mentalen Zustandes völliger Vertiefung (Konzentration) und restlosen Aufgehens in einer Tätigkeit (Absorption), die wie von selbst vor sich geht – auf Deutsch

in etwa Schaffens- bzw. Tätigkeitsrausch oder auch Funktionslust. Der „Flow" ist geprägt von Energie, Kreativität und Schaffenskraft. Um es bildlich auszudrücken:
Sie vergessen beim Arbeiten die Zeit. Das muss doch toll sein.

27. SAGEN SIE „DANKE"

*Ich bin dankbar, nicht weil es vorteilhaft ist,
sondern weil es Freude macht.*

Lucius Annaeus Seneca

Jemand der bei Kleinigkeiten, das Danke sagen vergisst, verlernt es auch bei großen Geschenken. Sie glauben nicht wie wichtig das simple Wort „Danke" im täglichen Leben sein kann. Am besten sie verbinden dieses Wort mit einem Lächeln. Es zeigt, dass Sie Handlungen ihrer Mitmenschen nicht als Selbstverständlichkeit erachten, sondern dass sie diese Wertschätzen. Dankbarkeit kostet nichts und gibt auch Ihnen ein gutes Gefühl.

Dankbarkeit ist auch eine Form der Wertschätzung für das was wir haben. Wir machen im Leben viele Fehler und nehmen Dinge als selbstverständlich hin, bis wir sie verlieren. Dankbarkeit bedeutet auch das Leben zu bejahen und einen Blick für die vielen guten Dinge zu entwickeln. Manchmal sollte man dafür einen Moment inne halten und sich klar machen, wofür man im Grunde alles dankbar sein kann. Dazu gehört auch mit sich selbst befreundet zu sein. Auch wenn das zunächst einmal etwas gewöhnungsbedürftig klingen mag. Es bedeutet mit sich im Reinen zu sein. Die Beziehung zu uns selbst ist der wichtigste Ausgangspunkt für unsere Beziehung zu anderen Menschen.

Sie können auch ein „Dankestagebuch" führen. Schreiben Sie jeden Abend fünf Dinge auf, für die Sie dankbar sind. Drücken Sie Dankbarkeit aus, wenn Ihnen jemand etwas Gutes getan hat.

28. IN DER RUHE LIEGT DIE KRAFT

Die Ruhe ist die natürliche Stimmung eines wohlgeregelten, mit sich einigen Herzens.

Wilhelm von Humboldt

Jeder weiß dass es oft gut ist, einfach die Seele baumeln zu lassen. Legen Sie sich an einen ruhigen Platz, das kann eine Wiese, ein Sofa oder ein Schaukelstuhl sein. Machen Sie die Augen zu und lauschen Sie der Natur, den Vögeln, dem Kinderlachen, den Grillen oder konzentrieren Sie sich auf die Atmung. Sollten Sie dabei einschlafen ist es nicht schlimm. Schlafen schadet nicht und bedeutet in der Regel nur dass sie ein Schlafdefizit haben. Suchen Sie wann und wo Sie am besten entspannen können. Das kann auch Lesen oder das Lösen eines Kreuzworträtsels sein. Lassen Sie Ihren Gedanken freien Lauf.

29. Der Hochgenuss des „Lästerns"

Erfährst du, dass jemand schlecht über dich gesprochen hat, so überlege, ob du es nicht zuerst getan hast und über wie viele du selbst sprichst.

Lucius Annaeus Seneca

Lästerei kann so toll sein. Nicht wahr. Man fühlt sich dabei gut, weil man in diesem Zeitpunkt von eigenen Schwächen und Fehlleistungen ablenken kann. Daher sind diese Gewohnheiten meist verbreitet. Gerade beim „Klatschen" und „Tratschen" kommt das Ego zum Vorschein. Ich weiß etwas Neues, was noch keiner weiß. Lästerei hat jedoch immer zwei Seiten. Zum einen erhalten Sie den Ruf einer Tratsch-Tante und Sie verlieren Vertrauen und zum anderen können Sie sicher sein, dass über Sie auch geklatscht wird, wenn Sie einmal nicht anwesend sind. Also versuchen Sie es zu lassen.

30. TUN SIE SICH ETWAS GUTES UND NEHMEN SIE SICH ZEIT FÜR SICH

Man wünscht sich selbst Glück, wenn man etwas Gutes tut.

Michel de Montaigne

Sie sind die wichtigste Person und von daher sollten Sie sich von Zeit zu Zeit etwas Gutes tun. Wenn Sie kein Freund von Entspannungstechniken sind, greifen Sie auf andere Möglichkeiten zurück. Gönnen Sie sich eine Massage, ein Entspannungsbad, einen Besuch in der Sauna, ein schönes Frühstück oder gehen Sie in ein Konzert. Alles ist erlaubt. Überlegen Sie was Ihnen gut tut und tun Sie es von Zeit zu Zeit. Wichtig ist sich Zeit für sich zu nehmen.

Wir haben genug Zeit, wenn wir sie nur richtig verwenden.

Johann Wolfgang von Goethe

Ich hatte schon von der Überfrachtung der Tage in der heutigen Gesellschaft gesprochen. Es ist daher wichtig, dass Sie sich hin und wieder Zeit für sich selbst nehmen. Machen Sie sich Luft. Wenn nötig schreiben Sie in

Ihren Kalender 2 – 4 Tage im Monat auf, die nur Ihnen gehören. Es gibt Menschen die in einer Beziehung leben und nur unter dem Vorwand noch ins Büro oder noch etwas einkaufen zu müssen von zu Hause verschwinden, um Luft zu holen. Lassen Sie es nicht soweit kommen. Und wenn Sie einen Partner haben, gilt diese Regel natürlich auch für Ihren Partner.

Lernen Sie „Nein" zu sagen.

Viele Menschen haben ein Problem damit auf eine Bitte eines anderen mit einem Nein zu antworten. Es klingt in der Theorie leicht, ist aber in der Praxis häufig mit Nebenwirkungen verbunden. Wir würden es so gerne tun, wollen aber gleichzeitig niemandem wehtun. Wir wollen gemocht werden und hilfreich sein. Das alles zusammen geht aber leider nicht. Man könnte es auch so ausdrücken. Die Entscheidung jemandem nein zu sagen ist eigentlich eine Abwägung zwischen der Variante: Möchte ich jemand anderem etwas zumuten oder mir selbst? Es ist ein Prozess.

Man kann damit beginnen eine Liste zu schreiben mit Situationen, in denen es schwerfällt Nein zu sagen. Danach ordnet man sie nach den Schwierigkeitsgraden und fängt mit den einfachsten an. Und man kann sich bewusst machen, dass wenn der andere von meinem Nein enttäuscht ist, es nicht meine Angelegenheit ist. Genauso wie er seinen Wunsch äußert, übermittle ich meinen Wunsch Nein zu sagen.

Der Weg zum Zeitgewinn beinhaltet auch die Frage: Wie erreiche ich Entfaltung?

Ziel des Lebens ist Selbstentwicklung. Das eigene Wesen völlig zur Entfaltung zu bringen, das ist innere Bestimmung.

Oscar Wilde

Gehen Sie neue Wege. Versuchen Sie etwas Neues zu machen. Es muss nicht immer ein neuer Job sein. Es genügt ein neues Hobby, ein Umzug, neue Aktivitäten. Verlassen Sie alte Pfade. Überlegen Sie was Sie schon immer tun wollten. Entrümpeln Sie Ihr Leben von Dingen die sie aus purer Gewohnheit beibehalten haben, die Ihnen aber nach genauer Betrachtung nicht wirklich etwas bedeuten.

31. VERBANNEN SIE NEGATIVE GEDANKENSTRÄNGE

Der erste Schritt zur spirituellen Praxis ist Wachsamkeit gegenüber negativen Gedanken.

Dalai Lama

Einige spirituelle Lehren sprechen davon, dass negative Gedanken so viel bedeuten, als wenn man sein Unglück ins Universum schreien würde. Wer beim Gehen ständig an das Hinfallen denkt, stolpert garantiert. Versuchen Sie negative Gedanken zu vermeiden. Konzentrieren Sie sich auf die Dinge die Sie verrichten wollen. Das Leben hält wunderbare Dinge bereit, wir müssen sie nur zulassen. Denken Sie an den Spruch das Glas ist nicht halb leer sondern halb voll. Die Betrachtung macht es aus. Der Sohn eines Freundes spielt leidenschaftlich Computerspiele im Internet wie viele Jungs seines Alters. Als er mit seinem Vater eine Woche in Urlaub fuhr, sagte der Vater ihm am letzten Tag, dass sie den Laptop mitnehmen, da die Hotelzimmer mit Internetverbindung ausgestattet sind. Der Junge war happy, weil das bedeutete, dass er im Urlaub nicht ganz auf das eine oder andere Computerspielchen verzichten musste. Als er eines Abends ein Spiel spielen wollte, stellte er fest, dass die Internetverbindung schlecht war, was den Spielbetrieb ab und zu störte. Als er sich darüber aufregen wollte, machte der Vater ihm klar, dass er vor wenigen Tagen nicht einmal damit rechnen konnte, im Urlaub Computer spielen zu können. Das sah er schließlich ein und lachte über sein Verhalten. Eine ganz wichtige Eigenschaft im Umgang mit den Mitmenschen ist die Unvoreingenommenheit. Sein Gegenüber mit offenen Armen zu empfangen führt zu viel größeren Chancen als sich mit Vorurteilen und Ängsten zu befassen. Dazu gehört auch dass man sich selbst analysiert. Warum setzte ich mich so unter Druck? Woher kommen die negativen Gefühle? Geben Sie ihrem Ärger nicht nach. Unsere Gefühle waren früher die Impulse zum Handeln. Angst führte zu

Flucht, Wut zum Kampf usw. Daher sind uns negative Gefühle näher als positive. Dieser Grundhaltung sind wir jedoch nicht hilflos ausgeliefert. Wir bestimmen welchen Gefühlen wir letztlich Macht geben wollen. Den guten oder den negativen. Sie entscheiden jeder Zeit darüber. Auch wenn Ihnen etwas Schlimmes widerfährt, ist es wichtig den Glauben zu behalten, dass das Leben ein Geschenk ist. Und gerade im Alter werden Erinnerungen an das Leben immer wichtiger, umso mehr sollten wir dafür sorgen, dass diese Erinnerungen schön sind.

32. DAS WARTEN AUF EINE BESSERE ZUKUNFT

Ich denke niemals an die Zukunft.
Sie kommt früh genug.

Albert Einstein

Träumen darf man immer. Wenn aber das Leben nur aus einem einzigen Traum auf eine bessere Zukunft besteht, dann läuft etwas schief. Man vergeudet den einzigen gegenwärtigen Augenblick. Viele suchen Ihr Glück in Zukunftsvisionen. Wenn ich im Lotto gewinne, wenn ich einen besseren Job finde, wenn ich mehr Geld hätte, wenn ich endlich meine Traumfrau finde, dann beginnt endlich mein Leben. Es ist genauso spekulativ wie eine Option an der Börse. Wenn die oder die Ereignisse eintreten, dann steigen die Aktienkurse. Wie der Bankberater verzweifelt versucht Ihnen TOP-Aktien zu verkaufen, aber es noch nicht geschafft hat, selbst reich zu werden. Natürlich können wir gerne an das Schöne in der Zukunft denken, effektiver und nützlicher ist es jedoch das Heute im Blick zu haben und sich zu fragen, was kann ich heute tun? Hoffnung bedeutet nichts anderes, als das wir die Verantwortung für die Lösung unserer Probleme ungewissen Ereignissen überlassen. Es ist genau so als würden Sie heiraten mit dem Gedanken, dass Ihre Frau/Ihr Mann Sie glücklich machen wird. Wenn Sie selbst kein Glück empfinden, können Sie die Verantwortung für Ihr Glück nicht anderen Personen überlassen. Darin liegt der Schlüssel. Wer sich selbst heute glücklich machen kann, braucht nicht auf morgen zu warten. Sie müssen sich bewusst machen, dass das Leben aus Augenblicken besteht. Sehr schönen, lustigen, ängstlichen usw. Aber in jedem Augenblick treffen wir Entscheidungen. Auch das Nichtentscheiden ist eine Entscheidung. Entscheidungen werden immer unser Leben bestimmen. Manchmal können Sie drastisch ausfallen wie folgende Beispiele belegen:

…ich habe nur geheiratet, um meinem schlimmen Elternhaus zu entkommen…

…ich habe die Schule nicht beendet, weil ich

schnell Geld verdienen wollte…

..ich habe meine schwangere Frau verlassen, weil ich die Verantwortung für ein Kind nicht übernehmen möchte…

Oder noch einfacher

…ich schließe mich der Mehrheit an…

..ich will mich nicht blamieren, also unternehme ich nichts…

..ich tue nichts, weil es sowie zu nichts führen wird….

Vergeuden Sie nicht die wertvolle Zeit um über die Zukunft zu simulieren, sondern entscheiden Sie jetzt, was Sie mit ihrem Leben anfangen wollen.

33. DENKEN SIE AN IHRE GESUNDHEIT, BEVOR SIE KRANK WERDEN

Die Gesundheit ist zwar nicht alles. Aber ohne Gesundheit ist alles nichts.
Arthur Schopenhauer

Haben Sie ihr Umfeld schon einmal über die Gesundheit sprechen hören? Eher umgekehrt. Beginnen Sie mit ihrer Krankengeschichte, dann finden sie schnell zu einem Gespräch bei der jeder seine Geschichten erzählt. Viele Menschen scheinen eine Art Ritus um ihre Krankenakte zu machen. Sie berichten umfassend bei welchen Ärzten sie mit welchen Beschwerden wie behandelt wurden. Andere erzählen von ihren Krankheiten, die sie mit einer Batterie von Medikamenten bekämpft haben und jetzt wieder gesund sind. Vielleicht wäre der Begriff „Beschwerdefrei" eher angebracht. Was die Medikamente mit all den Nebenwirkungen letztlich in unserem Körper auslösen, wissen wir nicht wirklich. Ich habe einmal einen interessanten Bericht eines Mediziners gelesen, der sein Leben der Naturheilkunde gewidmet hat. Er sprach davon, dass viele Medikamente nicht die Krankheit aus dem Körper verbannen, sondern nur dazu führen, dass wir keine Symptome mehr spüren. Er verglich die einzelnen Krankheiten mit einer Art „Giftbehälter", auf die durch die Medikamente nur ein Deckel geschraubt wird. Diese Giftfässer bleiben jedoch im Körper erhalten bis sie irgendwann, je nach Anzahl, den „Super-Gau" auslösen.

Wenn jemand seine Krankengeschichte erzählt, müssten Sie eigentlich direkt fragen: „Erzähle mir bitte nicht, was Du gegen deine Krankheit unternommen hast, sondern eher was Du vorher für deine Gesundheit getan hast? Denken Sie mal darüber nach. Es ist doch immer wieder erstaunlich wie viel Geld wir für Nichtigkeiten ausgeben, aber für unseren Körper scheint alles zu teuer zu sein. Oder wenn man keine Zeit für seine Gesundheit hat. Die Gesundheitskosten explodieren schon seit einiger Zeit. Ein Deutscher verreist mit zwei Koffern, was hat er eingepackt? Einen Koffer mit Kleidung und einen zweiten mit Medikamenten. Zugegeben etwas übertrieben. Aber Sie werden erstaunt sein, welche „Privatapotheken" die Deutschen Zuhause vorsorglich vorhalten. Es gibt viele Diabetiker die geheilt werden könnten, wenn Sie z. B. 20 oder 30 Kilo abnehmen würden. Da wird einfach gesagt: Das schaffe ich nicht. Lieber wird vor dem Stück Kuchen die Insulinspritze ausgepackt, um den Zucker im Zaun zu halten. Dann gibt es Menschen die abwechselnd Aufputschmittel und Beruhigungsmittel nehmen und sich plötzlich wundern, wenn ihr Körper verrücktspielt. Von der Einnahme von Schmerzmitteln möchte ich schon gar nicht sprechen. Auch der absurde Verbrauch von Antibiotika hat dazu geführt, dass vielfach schon Resistenzen gebildet wurden.

Sie haben jederzeit die Wahl etwas für ihre Gesundheit zu tun, bevor die nächste Krankheit sie erwischt.

Dabei ist auch die Erkenntnis wichtig, wie gehe ich mit meinem Körper um

Wir erwarten von unserem Körper ständig Höchstleistungen, am besten rund um die Uhr und ohne Pause. Doch jede Maschine braucht Wartung. Wo ist die Wartungszeit für Ihren Körper? Hierbei spreche ich nicht von dem Arztbesuch den wir einschieben, wenn wir uns nicht gut fühlen. Ich meine auch keine Vorsorgeuntersuchungen, sondern die Zeit Ihren Körper zu pflegen, ihm etwas Gutes zu tun. Wissen Sie z. B. was Ihre Füße jeden Tag leisten müssen und zwar auch dann, wenn Sie nicht zufällig übergewichtig sind. Es wird Zeit dem Körper für seine tägliche Vollzeitleistung auch etwas zurück zu geben. Ein anderes Beispiel. Was tun Sie für Ihre Zähne? Wissen Sie das Dauerzahnfleischentzündungen schwere Herz- Kreislauferkrankungen auslösen können? Wie viel Zeit widmen Sie Ihrem Körper? Seien Sie aktiv. Investieren Sie Zeit für ihren Körper, bewegen Sie sich an der frischen Luft, tun Sie was für Ihre Füße, Ihren Rücken, Ihre Ausdauer oder Ihre Muskeln. Und denken Sie auch an

Ihre Verdauungsorgane, indem Sie darauf achten was Sie essen, zumindest in der überwiegenden Zeit.

Sie haben doch sicherlich schon einmal den Ausspruch gehört:

Wir opfern unsere Gesundheit für Geld und geben danach viel Geld dafür aus, wieder gesund zu werden.

34. SEIEN SIE NICHT ERPRESSBAR

Alle Dinge, die man gegen sein Gefühl und gegen sein inneres Gewissen tut, anderen zuliebe, sind nicht gut, und müssen früher oder später teuer bezahlt werden.

Hermann Hesse

Der Kaufrausch vieler Völker, insbesondere die Anzahl von unnützen Dingen hat nur einen Grund. Wir haben Angst. Schon in unserer Erziehung werden wir auf dieser Basis erpresst. Als Kind bekommen wir gesagt, wenn Du das nicht machst, passiert das... Drohung als Lektion gab es schon immer. Manchmal sogar im Wechselspiel mit Belohnung. Zuckerbrot und Peitsche. Wenn Du in der nächsten Klassenarbeit eine 1 oder 2 schreibst bekommst Du 10 Euro, wird es eine 5 oder 6 bekommst Du kein Taschengeld. Die Angst, Erworbenes zu verlieren, der Druck der Sanktion oder die Angst vor dem Ungewissen machen uns erpressbar. Die Erpressung lauert überall. Sie haben vielleicht Familie und ein schönes Eigenheim, was noch abgezahlt werden muss oder Sie sind der Ernährer der

Familie. Ich wette darauf, dass Sie sich von Ihrem Chef manches gefallen lassen, in der Angst, bei der nächsten Beförderung nicht zum Zuge zu kommen. Wenn Sie diesem Teufelskreis entkommen wollen gibt es nur eine Möglichkeit. Das wirksamste Mittel gegen Erpressung ist der Verzicht. Lernen Sie zu verzichten. Auch in der Werbung wird mit Erpressung gearbeitet. „Kaufen Sie ihrem Sohn die Lehrbücher, sonst verbauen Sie ihm seine Zukunft und sind ein schlechter Vater". Entgegnen Sie solchen Phrasen einfach mit der Antwort: "Dann bin ich halt ein schlechter Vater". Sie müssen sich gegenüber einem Verkäufer nicht rechtfertigen. Wenn Sie Angst haben, gehen Sie in die Angst hinein und erforschen Sie wo die Angst her kommt. Die Belegschaft warnt Sie vor einem cholerischen Vorgesetzten. Gehen Sie auf ihn zu und fragen ihn warum sie sich fürchten müssen, wie behauptet wird. Vielleicht sind Sie von der Reaktion des Betroffenen überrascht. Gehen Sie der Angst auf den

Grund und bröseln sie diese auf. Was ist das Schlimmste was passieren kann? Wie hoch ist die Wahrscheinlichkeit dass dieses Szenario eintritt? Jede Angstsituation die Sie durchlebt haben, macht den Umgang mit ihr einfacher.

35. WIE MAN SIEGT OHNE ZU KÄMPFEN

Der klügste Krieger ist der, der niemals kämpfen muss.

Sunzi

Im Chinesischen nennt man es die Kunst zu siegen ohne zu kämpfen (gleichnamiges Buch von Daisetz Suzuki). Früher war der Kampf die einzige Möglichkeit des Überlebens. Heute ist ein Kampf meistens eine Art Beeinflussung. Wer nicht kämpft wird heute schnell als „Loser" verschrien. Genau das Gegenteil ist richtig. Wer dem Kampf aus dem Weg geht, muss in der Regel strategisch viel schlauer als sein Gegenüber sein. Es gibt eigentlich zwei Wege aus dem Dilemma: Ich rechtfertige und verteidige mich nicht. Ihr Chef fragt sie vor versammelter Mannschaft was zu tun ist. Sie geben eine Antwort und er erwidert: „So was dummes habe ich noch nicht gehört". Sie können sich schämen und unter den Tisch krabbeln oder versuchen mit Anstand aus der Situation zu kommen.

Sie können einfach antworten: „Vielleicht haben Sie Recht." Damit lassen Sie offen wie sie mit diesem Angriff umgehen. Kritisieren Sie nicht und es gibt keine Diskussion oder Auseinandersetzung. Es gibt so viel nichtige Anlässe, bei welchen Sie sich unkritisch entspannen können.

36. DIE GNADE DER GEDULD

Wer bei Kleinigkeiten keine Geduld hat, dem misslingt der große Plan.
Konfuzius

Der Glückliche ist nicht der der unermüdlich nach mehr, nach Größe sucht, sondern derjenige der sich Zeit nimmt sein Leben zu gestalten. „Zeit ist Geld" ist ein Spruch der natürlich die Grundnaivität enthält, dass unsere Zeit nur dafür da ist Geld zu scheffeln. Wir können heute mit den technischen Errungenschaften enorme Zeit sparen. Und das verrückte daran ist, je mehr wir uns Zeit durch Technik verschaffen, desto weniger Zeit haben wir für uns selbst. Warum? Weil wir die gewonnene Zeit mit viel Unfug vergeuden. In der heutigen Zeit sind Jugendliche sehr gestresst durch die Herausforderungen in der Schule, spielen aber gleichzeitig stundenlang Computerspiele. Obwohl heute Häuser in 1 bis 2 Tagen errichtet und E-Mails innerhalb von kürzester Zeit um die Erde geschickt werden können, brauchen andere Dinge einfach Zeit.

So benötigt das Aufgehen eines Hefeteig trotz aller technischer Errungenschaften immer noch bis zu zwei Stunden. Genauso sollte es Dinge in ihrem Leben geben, für die Sie sich Zeit nehmen. Mit Ungeduld lässt sich kein Glück erzeugen. Wer ständig Neues sucht ist im Prinzip auf der Flucht. Und wer flüchtig ist, kann doch nicht wirklich glücklich sein. Es ist wichtig zu verstehen, dass für gewisse Dinge irgendwann die Zeit gekommen ist und dass die Erledigung eine gewisse Zeit erfordern wird. Sie brauchen Zeit um etwas zu sehen, Zeit um etwas zu verstehen, Zeit um eine Entscheidung zu treffen und Zeit um Dinge genießen zu können.

Im Alltag gibt es viele Kleinigkeiten die Ihnen die Augen öffnen werden. Ihre Mahlzeiten schmecken besser wenn Sie Zeit haben Ihr Essen zu genießen. Ein Waldspaziergang ist entspannter wenn Sie sich die Zeit nehmen die Umgebung in Ruhe wahrzunehmen, ob es Luft, der Duft der Pflanzen, die Ruhe oder auch das Vogelgezwitscher sind. Auch wenn Ihnen das seltsam erscheint. Ich hatte vor 20 Jahren die Idee zu diesem Buch. Der Titel und die Einleitung waren damals schon geschrieben. Es hat dann 20 Jahre gedauert bis ich begonnen habe es zu schreiben, weil jetzt die Zeit dafür gekommen ist. Es gibt auch Beziehungen zwischen zwei Menschen die nach vielen Jahren der Freundschaft zu einer Liebensbeziehung geführt haben. Auch hier hat es seine Zeit gebraucht. Die Beziehung wäre möglicherweise in die Brüche gegangen, wenn man früher zueinander gefunden hätte.

37. SIE HABEN ES SELBST IN DER HAND...

Jeder ist seines Glückes Schmied.

Alte Volksweisheit

Wir leben unter Regeln die unser Leben schützen sollen. Denken Sie bspw. an die Vorschriften im Straßenverkehr. Diese Normen schützen uns aber nicht davor, dass es Menschen gibt, die Geschwindigkeitsbegrenzungen nicht beachten, weil sie besoffen oder bekifft sind oder es einfach eilig haben. Sie haben in diesem Buch mehrfach gelesen, dass die Freiheit Dinge selbst bestimmen zu können eine der größten Freuden im Leben ist. Diese Freiheit ist aber ständig in Gefahr. Man kann es auch anders ausdrücken. Solange Sie die Möglichkeit haben Ihre Freiheit, Ihr Glück, Ihre Gesundheit zu schützen, sollten Sie dies tun. Rechnen Sie mit den Fehlern anderer, vermeiden Sie Alltagsgefahren die offensichtlich sind, so z. B. gehen Sie bei Unwetter nicht vor die Tür, vermeiden

Sie gefährliche Orte, gefährliche Situation und seihen Sie nicht leichtsinnig. Sie glauben nicht aus welchen naiven Gründen Menschen ihr kostbares Leben leichtfertig aufs Spiel setzen. Denken Sie an die vielen Heranwachsenden die durch bescheuerte Mutproben ihre Gesundheit oder ihr Leben riskieren. Es ist schon erstaunlich, wie viele Menschen sich von dubiosen Autohändlern über das Internet oder telefonisch an einsame Orte bestellen lassen, um per Barkauf ein Auto zu erwerben. Diese wundern sich dann, dass sie anstelle eines Autos plötzlich in den Lauf einer Pistole blicken und sie dann um ihr Bargeld erleichtert werden. Wie oft gehen junge Frauen bei einbrechender Dunkelheit im Park joggen, obwohl ständig über Vergewaltigungsfälle berichtet wird. In einem Reiseführer über den Westen der USA fand ich einen schönen Satz: „Verzichten Sie bitte auf einen romantischen abendlichen Spaziergang in einen der wundervollen Nationalparks. Überall können arme Irre lauern und in Amerika sind sie meistens bewaffnet".

Wer sich gern in Gefahr begibt, kommt darin um.
Jesus Sirach

Lebensmut ist was wir brauchen, um ein gutes Leben führen zu können. Aber was bedeutet Lebensmut?

Lebensmut ist das Talent zur rechten Zeit die Straße zu wechseln, bevor es schattig wird oder anders ausgedrückt, das Geschick im Leben auf der Sonnenseite zu stehen. Lebensmut sorgt dafür, dass wir optimistisch bleiben und immer Zuversicht haben. In schweren Zeiten kann Ihnen nur einer helfen und das sind Sie selbst.

38. WENN SIE ETWAS SCHENKEN WOLLEN, SCHENKEN SIE ZEIT

Die Leute, die niemals Zeit haben, tun am wenigsten.

Georg Christoph Lichtenberg

Jemanden Zeit zu schenken ist viel nützlicher als irgendwelche unsinnige Dinge. Es obliegt Ihrer Phantasie wie Sie das Geschenk verpacken. Sie können Zeit für gemeinsame Aktivitäten verschenken (z. B. für einen gemeinsamen Kino-, Konzert- oder Restaurantbesuch) oder Sie schenken jemanden Zeit zur Hilfe (Heim- oder Gartenarbeit). Lassen Sie sich etwas einfallen.

39. DIE ERDUNG IST WICHTIG...

Was bedeutet überhaupt sich erden? Wir kennen den Begriff aus der Physik, dass man eine Leitung erden muss oder bei einem „Blitzschlag" wird von Erdung gesprochen. Erdung ist die Ableitung von elektrischen Strömen in das Erdreich.

Erdung heißt aber bildlich betrachtet, dass der Mensch den Kontakt zur Erde suchen soll. So z.B. Spazieren gehen, im Garten arbeiten, in der Natur übernachten (zelten, campen). Suchen Sie den Erdkontakt. Am besten Sie laufen Barfuß über eine Wiese. Wissenschaftlicher haben herausgefunden, dass diese „Erdung" entstresst und den gesunden Schlaf fördert. Sie kann unser Immunsystem stärken und Magen-Darm-Symptome lindern, für mehr Energie sorgen und zur Verbesserung der Herz-Kreislauf-Funktionen führen.

Daneben gibt es noch die „spirituelle Erdung". Was bedeutet Sie?

Unzählige Menschen auf der ganzen Welt sind krank, fühlen sich missverstanden und ungerecht behandelt. Zu oft ist die Seele verwirrt, ungesund und mit ihr der Körper. Geld und Besitz haben für viele Menschen die mehrfach wichtigere Bedeutung als der Glaube und die Werte.

Die wirksamste Medizin ist die natürliche Heilkraft, die im Inneren eines jeden von uns liegt.

Hippokrates von Kos (460 bis etwa 377 v. Chr.)

40. EINSAMKEIT

Für den sehr Einsamen ist schon Lärm ein Trost.

Friedrich Nietzsche

Einsamkeit ist für viele Menschen ein Übel. Dennoch kommen wir alleine auf die Welt und verlassen diese auf die gleiche Weise. Einsamkeit kann selbstzerstörerische Komponenten auslösen. Da wir viel Zeit mit uns selbst verbringen, macht es doch Sinn, sich mit sich selbst auseinander zu setzen. Es gibt Leute die ständig Menschen um sich haben müssen. Auch wenn Sie viele Menschen kennen, können Sie einsam sein. Einige Schauspieler, die sehr erfolgreiche Filme gemacht haben, starben an Drogen, weil sie innerlich vereinsamt sind oder einfach eine „Leere" empfanden. Lassen Sie sich nicht aus Furcht vor Einsamkeit mit irgendwelchen Menschen ein. Allein zu sein bedeutet nicht einsam zu sein. Sie sollten damit beginnen Ihre eigene Gesellschaft genießen zu lernen. Denn je mehr Sie das Alleinsein schätzen können, desto leichter wird es Ihnen fallen Freundschaften zu schließen.

Das gelegentliche einsam fühlen ist nichts Ungewöhnliches und durchaus menschlich. Alleinsein kann auch ein Genuss sein. Man kann sich auch kleine Glücksmomente organisieren. Das kann eine Tasse des Lieblingstees sein, am Morgen schöne Lieder hören oder einfach Dinge tun die ihnen Spaß machen und die Sie immer wieder aufgeschoben haben (ein VHS Kurs, Schlittschuhlaufen usw.). Vielleicht entdecken Sie neue Seiten an sich. Sie müssen auch nicht zu jeder Veranstaltung gehen die Ihnen eigentlich unbehaglich sind, nur weil auf der anderen Seite das „Alleinsein" steht. Alleinsein hat nicht unbedingt mit Einsamkeit zu tun, aber Einsamkeit ist wirkliche Armut, wenn es chronisch wird.

41. DIE RÜCKKEHR ZU UNS SELBST

Es gibt keine Wirklichkeit, als die, die wir in uns haben.

Hermann Hesse

Wenn jemand übermütig wird und auf die Wichtigkeit der Dinge im Leben hinweist, können folgende Beispiele dem Betroffenen wiederspiegeln welche Bedeutung der „Mensch" im Universum hat.

Aus dem Blickwinkel des Universums gibt es ein paar Kugeln die durch das unendliche Weltall gleiten. Eine der Kugeln nennt sich Erde. Und auf einem winzigen Fleck dieser Erde steht ein Schreibtisch an dem Sie in Ihrem Leben ein paar Papiere von rechts nach links bewegen. Wenn Sie schon einmal in Amerika am Grand Canyon gestanden haben, kann man gelegentlich spüren, dass die Felsen den Menschen auslachen, weil diese Felsen schon vor tausenden Jahren da waren und noch da sein werden, wenn der Mensch möglicherweise die Erde schon wieder verlassen hat.

Wenn wir sterben, bleibt möglicherweise auf

unserem Grab ein Grabstein oder ein Kreuz. Dann wird dort eine Jahreszahl für die Geburt und eine Jahreszahl für das Todesjahr stehen. Dazwischen befindet sich ein Bindestrich. Dieser „Bindestrich" war dann letztlich unser Leben. Machen Sie sich dies deutlich: bei alle den Emotionen, den Kämpfen in unserem Leben bleibt nur ein „Bindestrich" zurück!

Mit sich im „Reinen" zu sein, bedeutet vollkommene Harmonie mit sich selbst. Im spirituellen Gedanken wird es auch gerne als die Rückkehr zum „Sein" bezeichnet. Das bedeutet es gibt keine „Feindseligkeit", die sie auf andere abladen müssen. Dazu passen auch die folgenden Worte:

„Wir haben etwas in uns
das wir nicht immer verstehen
nicht immer fühlen oder glauben können
aber hin- und wieder zur Gewissheit wird,
das es da ist
die die nicht gläubig sind
werden dieses Empfinden
vielleicht als innere Kraft
oder als Lebenskraft verstehen,
alle anderen wissen, dass es
die Entdeckung Gottes in uns ist."

In den schlimmsten Lebenskrisen können unter Umständen nur die Hoffnung und der Glaube das rettende Ufer sein. Hoffnung ist eine in die Zukunft gerichtete Haltung, die zum Teil aus Zuversicht und Wünschen besteht. Sie hat nichts mit erklärbaren Mustern zu tun und kann unter Umständen auch als Auflehnung gegen realistische Folgerungen verstanden werden. Hoffnung fordert aktive Geisteshaltung. Nach meiner Ansicht ist eine Art Steigerung der Hoffnung der Glaube, wobei der Glaube an Gott nur eine Variante ist. Hier gibt es auch den Glauben an das Gute, den Glauben an seine eigenen Kräfte, den Glaube an ein positives Universum.

42. LACHEN ERLEICHTERT DAS LEBEN

*Humor ist der Knopf der verhindert,
dass uns der Kragen platzt.*

Joachim Ringelnatz

Lachen ist gesund. Das weiß jeder. Humor hat eine erstaunliche Wirkung. Wir sind nicht vollkommen und ein Mensch mit Humor weiß das. Der humorvolle Mensch geht im Grunde noch einen Schritt weiter und sagt eigentlich, ich strebe ab sofort meine Unvollkommenheit an.

Humorvolle Menschen sind entspannter und gelassener im Alltag. Der Humor unterscheidet uns von den Tieren, die zwar zum Teil auch Lachen können, aber keinen Humor kennen. Lachen ist befreiend, wer lacht streitet nicht, Lachen macht glücklich, Lachen ist ansteckend und Lachen verbindet. Denken Sie an Kinder, die am Tag um ein mehrfaches häufiger Lachen als Erwachsene.

Ein Tag ohne Lachen ist ein verlorener Tag.

Charlie Chaplin.

43. EINE PORTION SELBSTLIEBE

Eigenliebe ist der Beginn einer lebenslangen Leidenschaft.

Oscar Wilde

Selbstliebe hat nichts mit Egoismus zu tun. Nur wenn man von sich überzeugt ist, liebenswert zu sein, dann kann man sich auch geliebt fühlen. Denken Sie an das christliche Gebot: „Liebe Deinen nächsten wie Dich selbst". Dieser Satz setzt Selbstliebe voraus. Selbstliebe ist erforderlich um ein gutes „Selbstwertgefühl" zu erhalten. Es erzeugt Selbstvertrauen. Sie brauchen Selbstliebe um andere Menschen lieben zu können. Sie brauchen Selbstliebe um „Nächstenliebe" praktizieren zu können. Und die wichtigste Botschaft ist, wen wir lieben, den behandeln wir auch gut.

44. ALLES ROUTINE ODER BEGINNT FREIHEIT SCHON MIT KLEINEN HANDLUNGEN?

Wir Erdenbürger sind Weltmeister der Wiederholung im Alltag, weil die Wiederholung von Abläufen uns ein Sicherheitsgefühl gibt. Wir haben Angst vor Veränderungen. Das Gehirn spielt bei diesen Abläufen eine zentrale Rolle. Es stellt sich schnell auf Abläufe ein und programmiert diese. Wenn wir diese Routinen durchbrechen wollen ist das anstrengend. Sie können diese „Gewohnheiten" nur mit Achtsamkeit aufheben. Achtsamkeit beginnt bei dem Bewusstwerden des Verhaltens, um dieses dann zu beeinflussen. Fangen Sie mit kleinen Veränderungen an. Schalten Sie ihr Handy eine Stunde bewusst aus, beginnen Sie Ihr Frühstück statt mit Brot oder Brötchen mit einem Müsli, machen Sie vor dem Aufstehen ein paar Dehnübungen oder gehen Sie im Sommer vor der Arbeit eine Runde Laufen.

Wiederholen Sie die Abläufe und Sie werden neue Möglichkeiten entdecken. Hinzu kommt der Grundgedanke:

„Die Freiheit beginnt mit kleinen Handlungen".

Wer die Freiheit aufgibt um Sicherheit zu gewinnen, wird am Ende beides verlieren.
Benjamin Franklin

Bei allen unseren Verpflichtungen die jeden Tag auf uns warten, sei es beruflich oder privat, müssen Sie sich täglich dazu ermuntern Freiheit für sich selbst zu gewinnen. Im Tagesplan sollten folgende Gedanken unbedingt aufgenommen werden:

- Wie kann ich den Tag mit möglichst viel Freude erleben?
- Wie kann ich einen angemessenen Ausgleich für meine heutige Arbeitsleistung gewinnen und was kann ich heute für meinen Körper tun?

Wichtig ist, dass diese Botschaft täglich gelebt und nicht nur gelesen wird.

Warten Sie nicht auf Ihr Glück. Halten Sie an

guten Gewohnheiten fest, weil sie zu Ihrem Wohlfühlglück beitragen. Überlegen Sie welche Gewohnheiten Ihnen gut tun?

Manche finden ihr Glück indem sie anderen etwas Gutes tun. Probieren Sie es aus. Dienen Sie Menschen denen es nicht so gut geht. Arbeiten Sie in der Tafel, verschenken Sie Essen, arbeiten Sie in einer Umweltorganisation, werden Sie Pate von einem Kind in der dritten Welt.

45. SIND WIR WAS WIR DENKEN?

„Wir sind, was wir denken."

Buddha

Wenn wir davon ausgehen, dass unser Gehirn das abspeichert, was wir ihm anbieten, haben wir es in der Hand was wir ihm auch zur Verfügung stellen. Wenn wir uns permanent schreckliche Filme oder Horrorspiele anschauen, kann das auf Dauer für unser Gehirn nur schädlich sein. Es gab schon Verbrechen die verübt wurden, weil jemand der ständig Gewaltfilme konsumiert hat, entweder Wirklichkeit und Film nicht mehr unterscheiden konnte oder irgendwelchen schrecklichen Dingen aus Filmen nacheifern wollte.

Es hängt also von uns ab, mit was wir unser Gehirn füttern. Unsere Gedanken entscheiden darüber, überspitzt ausgedrückt, ob wir im Himmel oder in der Hölle leben.

Bei allen Gedanken die wir uns täglich machen muss uns klar sein, dass das Unterbewusstsein immer mitschwingt. Das

Unterbewusstsein wird sowohl von positiven als auch negativen Gedanken gefüttert. Ungläubige Menschen kommen in schweren Krisen unter Umständen zum Entschluss zu beten. Das geschieht meistens in einem Stadium, wo alles andere versagt hat. In höchster Not wird die Flucht in den Glauben gesucht. Für gläubige Katholiken z. B. ist ein Gebet die Zuwendung zu Gott und erfüllt demnach unmittelbar für die Betroffenen viele positive Elemente. Der Ungläubige betet aber gerade nicht aus Überzeugung Gott wird ihm helfen, sondern ausschließlich aus tiefster Angst im Herzen und der Gewissheit, dass das ohnehin nichts bringt und diese Angst wird vom Unterbewusstsein absorbiert und führt so zur weiteren Schwächung seines Gesamtzustandes.

Es gibt nichts Gutes oder Schlechtes; erst die Gedanken machen es dazu.

Aus Hamlet von William Shakespeare

Wir können also versuchen diesen Mechanismus für uns zu nutzen, in dem wir versuchen uns positiv zu beeinflussen. Wir können mit guten Gedanken aufstehen und uns eine Art positiven Tagesplan erstellen. Und wenn uns ein negativer Gedanke erreicht, können wir ihn stoppen und durch einen positiven Gedanken ersetzen. Sie haben ein Meeting und denken kurz vorher zum Beispiel: „Ob das mal gut geht, ich bin furchtbar aufgeregt."

Denken Sie stattdessen: „Ich habe mich gut vorbereitet, ich habe alles für ein erfolgreiches Treffen getan, also kann es nicht schief gehen. Wenn doch, habe ich mein Bestes gegeben."

46. LIEBER VERANTWORTUNG ABGEGEBEN, ALS WELCHE ZU TRAGEN?

Das Wort Verantwortung haben Sie schon mehrfach in diesem Buch gelesen. Die Verantwortung verfolgt uns das ganze Leben. Sie ist aber nicht unser Feind. Wir sind immer wieder versucht anderen die Verantwortung für eine negative Entscheidung oder einen Fehlschlag im Leben zu geben. Oft geben wir sogenannte „Sachzwänge" vor, die uns keine Wahl lassen. Solche Sätze beginnen mit: „Ich würde gerne, aber …." Zum Beispiel: „Ich würde gerne Sport machen, aber im Moment ist es Winter und früh dunkel, da komme ich nicht dazu." Auf den Einwand, dass es Fitnesscenter gibt, die abends eine Beleuchtung haben, folgen viele weitere aber. Das ist sehr aufwendig, es kostet Geld etc. Wir haben immer Wahl, müssen aber auch dann die Verantwortung für unsere Entscheidung treffen. Die Suche nach der Schuld bei anderen ist so einfach und praktisch.

Manchmal wird die Schuld im Zweifel auch auf die Technik geschoben. „Oh tut mir Leid, der Computer hat einen Fehler gemacht oder war falsch programmiert." Fragt sich nur von wem? Übernehmen Sie die Verantwortung für Ihr Handeln bzw. auch für Ihr Nichthandeln. Verantwortung bedeutet nicht alle Probleme lösen zu können. Verantwortung beinhaltet die Fähigkeit mit „unlösbaren" Problemen umgehen zu können. „Unlösbaren" Problemen kann man nur kreativ begegnen.

47. DIE VIELFACHE „LÜGE" DES MIESEN JOBS

Die Aussage: „Ich habe einen Höllenjob" ist zumindest für uns, die Teil einer Wohlstandsnation sind, eine falsche Wahrnehmung. Ein Bekannter von mir sprach bei jeder Begegnung mit mir von seinem „furchtbaren" Job. Alles war mies. Der Chef, die Kollegen usw. Nach einer Weile war es unerträglich und ich erwiderte auf seine Geschichten: „Entschuldigung, aber Du gehst doch jeden Tag freiwillig zur Arbeit." Du wirst doch nicht mit einer Waffe oder mit Folterinstrumenten zum Arbeitsantritt gezwungen?

„Wenn es so schrecklich für Dich ist, dann bleib doch einfach ab morgen zu Hause." Er sah mich entgeistert an und erwiderte: „Dann verliere ich wahrscheinlich meinen Job". „Stimmt", sagte ich: „dann hat das Elend endlich ein Ende und Du kannst dich freuen". Nach einer Weile fragte er mich, wovon er dann leben oder seine Familie ernähren solle? „Suche Dir doch was neues, gab ich ihm zu verstehen." Dann folgten eine Reihe von Ausflüchten wie z. B.

…die Ungewissheit, dass man eine gleichwertige Stelle findet usw."

„Also ist die Arbeit dann doch nicht so schrecklich?", fragte ich ihn. Es folgte ein Schweigen. „Es ist doch ganz einfach", fuhr ich fort: „Entweder ist die Arbeit wirklich so furchtbar, dann musst Du kündigen oder die Schmerzgrenze ist noch nicht erreicht, dann ist es doch nicht so schlimm. Du hast jeden Tag die Entscheidung. Schmeiß den Job und ertrage die Konsequenz oder hör auf zu klagen. Von diesem Tag an, hörte ich keine Klagen mehr.

48. ERFAHRUNGEN BRINGEN UNS WEITER

Um uns weiter zu entwickeln, müssen wir uns aus einer „Komfortzone" bewegen. Komfortzone ist die mit warmem Wasser gefüllte Badewanne der Gewohnheit. Wenn wir sie verlassen wird uns kalt. Es wird ungemütlich. Darauf hat niemand Bock. Nehmen wir die großen Seefahrer wie Kolumbus oder Drake. Sie versuchten jedes noch so entfernte Ziel anzusteuern, trotz vieler Gefahren, die auf hoher See warteten. Und nur so wurden neue Kontinente entdeckt. Ähnlich verhielten sich große Forscher, die unter Einsatz ihres Lebens Medikamente entwickelten oder gefährliche Experimente durchführten, um die Welt weiter zu bringen. Niemand kann das Leben leben das er sich wünscht, wenn er Erfahrungen ausweicht, die er machen muss. Diese Erfahrungen, so schmerzhaft sie manchmal sind, bringen uns letzlich weiter.

Man kann auch sagen: Bleibe stets neugierig. Mache jeden Tag etwas Neues und das beginnt schon damit, dass man an neuen Orten spazieren geht, mit fremden Menschen ins Gespräch kommt oder andere Restaurants ausprobiert.

49. DIE ORDNUNG DER KLEINEN DINGE UND WARUM SELBSTMOTIVATION SO SCHWER IST ?

Das kleine Glück ist ein großartiges Stärkungsmittel für mehr Lebensfreude.

Ernst Ferstl

Wir schauen gerne auf das Große und übersehen dabei, dass die kleinen Details dazwischen stehen. Wir bewundern den Zauberkünstler der einen großartigen Trick vollzieht und übersehen, dass er viel Zeit mit Technik, Timing und Üben verbracht hat. Wenn ich einen Artisten mit seiner Nummer im Fernsehen oder Zirkus sehe, bin ich immer vollkommen begeistert, weil ich daran denke, wie er diese waghalsige Nummer begonnen haben mag und wie oft er gestürzt sein muss oder sich beim Üben verletzt hat. Trotzdem hat er weiter gemacht. Mein Sohn sah einmal zu wie ich mit 3 Bällen jonglierte. Er sagte zu mir: „Das will ich auch lernen!" Ich antwortete: „Kein Problem, zwei Monate üben, jeden Tag 10 Minuten und

du kannst es." Ein Wunder ist doch auch, wie unsere Kinder laufen lernen. Obwohl Sie immer wieder hinfallen und sich auch gelegentlich wehtun, versuchen sie es immer wieder, bis sie laufen können. Erstaunlich. Die Konzentration auf das kleinste Detail ist immer das entscheidendste für das große Ganze und damit der Schlüssel. Manchmal hören sie das auch von Paaren, nachdem diese sich getrennt haben. "Wir wollten so gerne zusammenbleiben, aber der Streit um viele Kleinigkeiten hat unsere Ehe zerstört."
Aber warum ist die Selbstmotivation so schwer?
Wir haben Gewohnheiten und unser Gehirn ist auf geregelte Abläufe programmiert. Sie haben vielleicht von Menschen gehört, die den Druck von außen brauchen, um sich zu motivieren oder etwas zu tun. Ein Kumpel von mir, gab unumwunden zu, dass ein „Heimarbeitsplatz" für ihn problematisch wäre. Ich brauche das Klima im Büro. Zuhause bekäme ich nichts gebacken. Der Tag wäre

vorbei und ich hätte ihn auf dem Sofa mit Fernsehschauen verbracht. Jemand wollte Abnehmen und schlug mir eine Wette vor. Wenn ich es in 3 Monaten nicht schaffe 10 Kilo abzunehmen, zahle ich Dir 50 Euro. Wenn ich es doch schaffen sollte, zahlst Du mir 50 EUR. Ich antwortete ihm, den ersten Teil der Wette können wir so machen, aber den zweiten Teil der Wette sollte er sich aus dem Kopf schlagen. Schließlich wolle er ja abnehmen. Zurück zum Ausgangsthema. Wie können wir uns selbst motivieren? Man benötigt im Prinzip zwei Dinge. Die Einstellung und die Technik. Einstellung setzt voraus, dass wir uns frei machen von allen anderen Gedanken und nur auf das Thema fokussiert sind. Versuchen Sie sich ganz auf die Aufgabe zu konzentrieren und Ihren „Gedankenstrom" der sie davon ablenkt zu stoppen. Üben Sie das jeden Tag und fangen Sie mit 5 Minuten an. Ideal sind Atemtechniken, also auf ihren Atem (ein- und ausatmen) zu achten. Weil Sie nicht gleichzeitig denken und auf Ihren Atem achten können, ist diese Aufgabe eine gute Übung. Versuchen Sie diese Zeit zu steigern. Zweitens geht es um die Technik. Technik bedeutet ihre Willenskraft zu stärken bzw. zu steuern. Das erreicht man dadurch , dass man sich voll auf das Ziel konzentriert, andererseits dass man sich auch vorstellt, wie es sich anfühlt das Ziel bereits erreicht zu haben. Daneben brauchen Sie noch die Strategie, was sie tun, wenn sich ein „Zwischenziel" nicht einstellt. Bleiben wir wieder beim einfachen Beispiel des Abnehmens. Wenn Ihr Ziel bspw. wäre nach 17.00 Uhr nichts mehr zu essen und Sie es nicht aushalten, essen sie eben nach 17.00 Uhr keine Kohlenhydrate oder machen danach eine Sporteinheit von mindestens 60 Minuten. Es vermindert den Stress und sorgt dafür, dass Ihr Plan nicht verloren geht.

50. DER UMGANG MIT RESPEKT

Bei näherer Betrachtung schrumpft so mancher wilde Stier auf ein harmloses Öchslein zusammen.

Gerd W. Heyse

Von Kindern verlangen wir Respekt gegenüber anderen Menschen zu haben. Der Respekt vor Titeln ist weit verbreitet, denken Sie an Doktortitel. Früher wurde sogar die Ehefrau von Doktoren als Frau Doktor angesprochen. Menschen lieben auch Ehrungen, Auszeichnungen und Titel. Auch der Respekt vor Ärzten als „Götter in Weiß" ist stark verbreitet. Wir zahlen gerne mehr für eine Chefarztbehandlung im Krankenhaus. Herr Prof. behandelt mich. Diese Menschen vermitteln den Patienten den Eindruck, als wüssten sie genau was uns fehlt. Wenn eine Statistik darüber veröffentlicht würde, welche Todesfälle an Patienten es nicht gegeben hätte, wenn Ärzte sorgfältiger gearbeitet hätten, würde mancher seinen Respekt verlieren. Damit möchte ich keine Ärzte diskreditieren. Es sind aber auch nur Menschen die Fehler machen können. Menschen, die sich mit Respekt umgeben, möchten sich gerne „unantastbar" machen oder zumindest so wirken. Diktatorische Regime sterben irgendwie nicht aus, weil es immer wieder Menschen gibt, die die Gabe besitzen, dass andere sich ihnen unterwerfen und zwar bedingungslos. Das hat leider wieder mit der Verantwortung zu tun. Menschen die im Dritten Reich im Namen der Nazi-Ideologie andere Menschen töteten empfanden das nicht als Verbrechen, weil Hitler ihnen sagte, ich übernehme die Verantwortung dafür. Der Einzelne sprach sich rein und sagte: „Ich habe nichts damit zu tun, ich habe nur einen höheren Befehl ausgeführt!"

51. TRAGEN SIE KEINE „ÜBERFLÜSSIGEN" LASTEN

Die Menschen tragen „überflüssige" Lasten und das zu jeder Zeit. Hierzu ein einfaches Beispiel:

Zwei Freunde hatten einen Erzfeind aus der gemeinsamen Schulzeit, der ihnen seinerzeit das Leben sehr schwer gemacht hatte, weil er sie ständig gemobbt und sogar geschlagen hatte. Nach vielen Jahren trafen sie bei einem gemeinsamen Spaziergang im Wald genau diesen Typen. Er lag auf dem Boden und wies mit einem „schmerzverzehrten" Gesicht daraufhin, dass er gestolpert und seinen Fuß entweder schwer verstaucht oder sogar gebrochen habe. Einer der beiden half ihm auf und nahm ihn „Huckepack" bis zur nächsten Weggabelung. Er rief einen Angehörigen des Betroffenen an, so dass dieser abgeholt und ärztlich versorgt werden konnte. Danach gingen die beiden Schulfreunde weiter. Es wurde im weiteren Verlauf des Spaziergangs

3 Stunden nichts zwischen den Freunden gesprochen. Danach konnte einer der Freunde sich nicht mehr zurückhalten und sagte dem anderen: Wieso konntest Du das tun? Wie konntest Du unserem Erzfeind helfen, der uns in der Schulzeit so viele Jahre gepeinigt hatte? Ich kann das nicht verstehen. Darauf sagte der Kumpel: „Interessant, ich habe den Betroffenen nur 5 Minuten getragen und Du trägst ihn schon über drei Stunden."

52. DAS ENDE IM BLICK UND DIE SUCHE NACH DEM SINN DES LEBENS

Die größten Ängste unserer Zeit sind die Angst vor Krankheit und vor dem Tod. Die Angst vor Krankheit ist vor allem die Erkenntnis, dass sie in unserer „Leistungsgesellschaft" zum Ausschluss aus der Gesellschaft führt. Wer nicht mehr mithalten kann ist nutzlos. Wertlose Menschen gehören auf das Abstellgleis und werden nicht mehr gebraucht. Die zweite Angst ist die Angst vor dem Tod. Wir alle sind zum Sterben verurteilt, sobald wir auf die Welt kommen. Von daher kann es hilfreich sein sich gelegentlich mit dem Ende des irdischen Daseins zu beschäftigen. Es kommt unausweichlich auf uns zu. Wir alle haben eine unheilbare Krankheit mit dem Namen „Tod" und versuchen diese soweit wie möglich von uns fernzuhalten. Liebe und Glück lassen uns oft vorübergehend das Ende vergessen, aber der Schmerz bleibt. Wir werden sterben, nichts wird bleiben und wir werden auch nicht zurückkommen. Das Leben wird für uns bedeutungslos, egal was wir auf dieser Erde erreicht haben und wie berühmt wir waren. Gegen diese Erkenntnis gibt es kein Heilmittel, doch klar, die Liebe hilft, aber sie kann uns nicht retten.

Die Furcht vor dem Tod ist nach der Furcht vor einer schweren Krankheit die größte Last mit denen der Mensch umgehen muss. Es ist daher nur allzu verständlich, dass man den Gedanken an den eigenen Tod verdrängt. Das beginnt bei vielen Menschen schon bei dem Gedanken die eigene Erbfolge zu regeln. Die Furcht vor dem Tod hat im Wesentlichen zwei Gründe. Die Furcht davor nicht zu wissen, was danach kommt und das große Bedauern, von der Welt endgültig Abschied nehmen zu müssen. Was nach dem Tode kommt ist auch oft ein Glaubensbekenntnis, dazu müssen Sie in sich hineinhorchen welches innere Gefühl Sie dazu haben. Gegen das Abtreten von der Erde gibt es kein besseres Mittel als zu Lebzeiten ein erfülltes Leben geführt zu haben. Ältere Menschen die auf ein glückliches Leben zurückblieben sind oft sehr entspannt vor dem Sterben. Symptome der Angst vor dem Tod sind immer ein Mischgefühl zwischen Verdrängung, der Verweigerung die Vergänglichkeit anzunehmen und gelegentlich auch Geiz, die Angst mit dem Tod alle irdischen Güter zurück zu lassen. Da der Tod für uns alle unabänderlich ist, dem wir nicht entfliehen können, kann es nicht falsch sein mit dem Tod früher oder später Frieden zu schließen. Das soll nicht heißen, dass man das Leben nicht genießen soll. Wenn jemand schwer erkrankt ist, gibt man häufig den Ratschlag: „Kämpfe unerbittlich gegen das Böse an". Dabei wird häufig vergessen, dass der Kampf dem Grunde nach eine Aggression ist die den Körper letztlich schwächt, weil sie eine enorme Energie erfordert. Freunden Sie sich mit dem Gedanken an den Tod an, weil er unausweichlich ist. Vor allem ist die Verdrängung kein guter Ratgeber. Wandeln

Sie eher die Gedanken an den Tod um in die Frage, was uns der Tod letztlich lehren kann. Der Tod zeigt uns das Leben zu lieben. Er macht uns klar, welche Bedeutung die Lebenszeit hat und was letztlich wirklich wichtig ist. Der Gedanke an den Tod soll uns signalisieren, dass wir heute bewusst und intensiv leben sollen und er bedeutet auch, dass nichts selbstverständlich ist. Es geht dabei nicht darum den Tod zu verherrlichen, sondern sich in der Bewusstheit, dass das Leben irgendwann zu Ende ist, eine Motivation zu schöpfen die wertvolle Zeit auf dieser Erde zu nutzen. Das bedeutet aber auch, wenn das unausweichliche Ende naht, loslassen zu können. Das bedeutet mit seinem Todfeind, dem Tod, Frieden zu schließen.

Wir suchen alle irgendwann mal nach dem Sinn des Lebens.

Leben ist das, was passiert, während Du fleißig dabei bist, andere Pläne zu schmieden.
                                                    John Lennon

Wir verlangen, das Leben müsse einen Sinn haben - aber es hat nur ganz genau so viel Sinn, als wir selber ihm zu geben imstande sind.

Hermann Hesse

Die Frage nach dem Sinn des Lebens hat sich die Menschheit in jeder Lebensphase gestellt. Es gibt keine allgemeinverbindliche Antwort. Das Leben sollte selbstbestimmt sein. Wir sind Individuen und bleiben es Zeit unseres Lebens. Hierzu folgende Geschichte:

Der Dorfälteste eines Stammes in Afrika erzählte den Kindern eine Geschichte. „Stellt Euch vor", sagte er, „dass in euren Herzen zwei Löwen miteinander kämpfen. Der eine Löwe ist der Löwe der Angst, des Zweifels, des Schmerzes, des Neids, der Gier und der andere ist der Löwe der Liebe, der Freude, der Großzügigkeit und des Mitgefühls. Sie kämpfen fast jeden Tag miteinander." Darauf fragte ein Kind: „Und wer gewinnt letztlich?" Der den Du fütterst, lautete die Antwort des Dorfältesten. Wie wir uns fühlen, wie wir handeln, hängt immer von unseren Gedanken ab, dass können gute oder schlechte sein. Und der zentrale Gedanke nach dem Sinn des Lebens ist der zu wachsen. Das bedeutet für Hindernisse nach Lösungen zu suchen. Jede Lösung bringt uns weiter. Neue Sichtweisen schaffen neue Lösungen, die für uns neue Perspektiven erschließen. Wir sind nicht dass, was wir anhäufen an Besitz oder Erfolg und wir sind nicht, dass was andere über uns denken. Wir glauben wir sind erfolgreich, weil wir das tun, was von uns erwartet wird. Wenn wir das tun ist es für viele ein „normales Leben". Wirklich? Was das Leben dem Grunde nach bedeutet kann man bei einem Vergleich mit einer Pflanze sehen. Was ist der Unterschied zwischen einer toten Pflanze und einer lebenden Pflanze? Ganz einfach: Die lebende Pflanze wächst. Und genau das ist es. Leben bedeutet Wachstum. Das Leben in allen Facetten anzunehmen bedeutet einerseits die Freiheit im Handeln und den Frieden für die eigene Seele. Auf den Menschen bezogen sagte schon Altbundeskanzler Konrad

Adenauer: „Nehmen Sie die Menschen wie sie sind, andere gibt es nicht."

Der Sinn des Lebens bedeutet einfach, „Sein" zu dürfen. Nicht mehr, aber auch nicht weniger.